# SPIRITUALITÉ KÉMÉTIQUE

*Les Secrets Enfouis de L'évolution Spirituelle, les Principes Oubliés d'une Existence Harmonieuse et la Sagesse Ancienne de L'unicité Divine*

## ASCENDING VIBRATIONS

Ascending Vibrations

# NOTE AU LECTEUR

Les informations contenues dans ce livre ont été rédigées uniquement à des fins d'information générale et d'éducation. Elles ne sont pas destinées à servir de conseils médicaux, à constituer une forme de traitement médical, à diagnostiquer un état pathologique ou à remplacer l'avis d'un physicien ou d'un praticien médical. Veuillez consulter votre prestataire de soins de santé avant d'entamer tout nouveau programme de santé. Toute utilisation des informations contenues dans ce livre relève de la seule responsabilité du lecteur.

AU5ET

# RÉCLAMEZ VOS BONUS CI-DESSOUS (EN ANGLAIS)

Pour vous aider dans votre voyage spirituel, nous avons créé des bonus gratuits pour vous aider à vous libérer des bagages énergétiques qui ne vous servent plus et à vivre une vie qui vous convient mieux. Les bonus comprennent un cours en vidéo d'accompagnement avec plus de 4,5 heures de contenu motivant, des vidéos énergétiques, des méditations guidées puissantes, des articles, et plus encore. (En anglais)

Vous pouvez y accéder immédiatement en cliquant sur le lien ci-dessous ou en scannant le code QR avec votre téléphone portable.

https://bonus.ascendingvibrations.net

## Bonus gratuit n° 1 : Le Cours D'harmonisation Des Chakras En 3 Etapes

Vous voulez connaître une façon unique de cibler les chakras ? Élevez votre existence en ciblant le subconscient, le physique et le spirituel.

- Découvrez une méthode unique de ciblage des chakras en 3 étapes dont beaucoup de gens ne profitent pas !
- Reprogrammez votre cerveau, élevez votre corps et votre esprit, et libérez les blocages qui vous empêchent d'atteindre la grandeur de votre vie.
- Réveillez une énergie extraordinaire pour façonner une réalité qui vous convient le mieux.
- Arrêter de perdre un temps précieux avec des méthodes inefficaces

## Bonus gratuit n° 2 : La Boîte A Outils De La Formule Secrète De La Manifestation

En avez-vous assez de vous contenter de la vie, de perdre un temps précieux, et êtes-vous prêt à accueillir votre potentiel le plus élevé ?

## Bonus gratuit n°3 : La Boîte A Outils De Purification Spirituelle

Êtes-vous prêt à vous débarrasser de toutes les énergies négatives qui ne vous servent plus ?

- Libérer les blocages énergétiques qui pourraient causer des déséquilibres.
- Réveillez une incroyable énergie pour dynamiser votre aura.
- Créer un environnement énergétique magnifiquement purifié.

### Bonus gratuit n°4 : Une Puissante Méditation Guidée De Guérison Energétique De 10 Minutes

Tous ces incroyables bonus sont 100% gratuits. Vous n'avez besoin d'entrer aucune information à l'exception de votre adresse e-mail.

Pour obtenir un accès instantané à vos bonus, rendez-vous à l'adresse suivante

https://bonus.ascendingvibrations.net

# TABLE DES MATIÈRES

RA

# INTRODUCTION

## LA SPIRITUALITÉ KÉMÉTIQUE PEUT DYNAMISER VOTRE PRATIQUE SPIRITUELLE DÈS AUJOURD'HUI

La nature ou Ntr est la force divine ultime. C'est ce que nous dit la spiritualité kémétique, un mode de vie qui a pris naissance dans l'Égypte ancienne, également connue sous le nom de Kemet. Elle nous offre un ensemble de lignes directrices et de pratiques à suivre qui sont basées sur les anciens modes de vie. Les gens se tournent de plus en plus vers ce mode de vie pour maintenir un style de vie équilibré dans le chaos de la vie moderne. Ce mode de vie kémétique, que redécouvrent un nombre croissant de personnes, nous encourage à vivre en harmonie avec la nature. Cela se fait par la conscience de soi. La pratique de cette conscience de soi implique de nombreuses techniques, telles que la méditation et le yoga. Elle nécessite également de comprendre l'impact de notre alimentation sur notre corps. Cette connaissance vous permet de faire de meilleurs choix alimentaires propices à une croissance spirituelle. Le résultat à long terme de ces meilleurs choix est une vie plus longue et un corps exempt de maladie. Si vous avez intégré le yoga et la méditation à votre mode de vie, cette vie allongée peut être agréable.

Il est possible de mener une longue vie agréable lorsque l'on est guidé par la spiritualité kémétique, qui encourage à recevoir des conseils des forces divines de la nature. Cette guidance s'incarne dans le Metu Neter, les écrits que l'on trouve sur les murs des temples et les papyrus et qui contiennent des enseignements de la nature. Le Metu Neter est également connu sous le nom de "parole des dieux". Ses enseignements expliquent la relation entre l'humanité et le divin. Ils définissent la spiritualité humaine par rapport à notre alignement sur les principes des dieux et des déesses - le Neter.

Ces dieux et déesses incarnent les principes physiques et spirituels de la création. La relation entre ces principes de création trouve sa pleine expression dans l'arbre de vie kémétique.

Les paroles du Metu Neter, inscrites sur les murs des temples et sur les papyrus, constituent le plus ancien système spirituel connu de l'homme. En étudiant ces mots, nous découvrons le lien entre l'humanité et les dieux et déesses de l'Égypte ancienne, également connue sous le nom de Kemet. En les appliquant à notre vie, nous apprenons à vivre d'une manière qui met en valeur l'esprit divin qui est en nous.

L'exploration spirituelle moderne, avec la découverte de concepts tels que la science atomique et la connaissance des lois Hermétiques, en est venue à adopter des concepts tels que la vibration. Il s'agit de concepts qui étaient connus et mis en pratique par ceux qui vivaient à l'époque kémétique et sur lesquels se fonde la spiritualité kémétique. Grâce à la connaissance de l'équilibre spirituel et à l'élévation continue de leur vibration mentale, les habitants de l'ancienne Kemet ont établi une société prospère et bien éduquée. Leur haut niveau de connaissances leur a permis d'accomplir de grandes prouesses scientifiques et architecturales que nous pouvons encore admirer aujourd'hui. En suivant leurs traces et en imitant leur mode de vie, vous serez en mesure de vivre à un niveau où votre esprit, votre corps et votre âme sont en alignement avec le divin. Cela vous permettra de profiter d'une vie productive et positive sans les distractions qui émanent d'une existence à basses vibrations. Au contraire, la spiritualité kémétique nous encourage à vivre quotidiennement en alignement vibratoire positif.

La spiritualité kémétique nous encourage à être constamment conscients de l'interconnexion entre l'humanité et le divin. Le monde qui nous entoure est une extension de ce que nous sommes. Elle nous enseigne que la divinité est présente dans les formes les plus élémentaires de l'existence humaine. Cependant, comme la divinité existe sur différents plans d'existence, nous pouvons choisir de nous aligner sur la divinité à différents niveaux. Plus nous nous alignons sur des niveaux ou des plans d'existence élevés, plus nous nous rapprochons de Dieu. Cette quête de l'incarnation de la divinité, qui consiste à vouloir ressembler aux dieux et aux déesses, est connue sous le nom de théurgie.

La pratique de la théurgie nécessite la connaissance de l'histoire de la création kémétique. Ce récit explique comment la création est apparue et comment, à chaque étape du processus de création, un principe ou une force de la nature différent est apparu. Chaque force existait pour remplir l'objectif qui était nécessaire à ce moment-là. Les principes ainsi utilisés dans le processus de création sont devenus les dieux et les déesses dont nous voyons aujourd'hui les traces sur les murs des temples et sur les rouleaux de papyrus. Par conséquent, au cœur de la spiritualité kémétique se trouve la compréhension des dieux et des déesses, des principes qu'ils incarnent, de leur comportement et même des postures dans lesquelles ils se tiennent ou s'assoient dans les différents lieux où ils sont représentés. La connaissance de tous ces éléments vous permettra d'acquérir les connaissances et la perspicacité dont vous avez besoin pour intégrer les principes que ces dieux et déesses symbolisent.

## L'HISTOIRE DE LA CRÉATION

L'histoire de la création commence avec Râ. Il est le dieu du soleil et la source de la vie et de la subsistance de tous les êtres vivants. Dans le récit de la création, nous voyons Râ émerger des eaux primitives de Noun. Avant que Râ n'émerge, il n'y avait que les eaux de Noun sur terre. Ces eaux chaotiques recouvrent tout ce qui est visible. En créant le monde, Râ commence par le plan causal qui comprend les structures qui gouvernent le monde. Ces structures sont les lois de la science qui maintiennent l'équilibre et l'ordre et fournissent ainsi un environnement qui permet à toutes les choses d'exister. Cet équilibre et cet ordre sont représentés par la déesse Maât qui permet à l'harmonie d'exister dans le monde.

Après les lois spirituelles, Râ a créé l'atmosphère. C'est elle qui permet à toutes les créatures vivantes d'exister. L'atmosphère se compose d'air sec mélangé à de l'eau. L'air sec est ce que nous respirons. C'est aussi l'éthéré et il est représenté par le dieu Shou. Shou est le dieu de l'air, celui qui sépare la terre du ciel. L'air sec de Shou contient les précipitations qui forment la pluie, la neige et la grêle. Elles sont représentées par la déesse Tefnout, la déesse de l'humidité. Ainsi, la terre était remplie d'une substance gazeuse ou d'une brume.

Shou et Tefnout se sont réunis et ont formé le ciel et la terre, qu'ils maintiennent séparés l'un de l'autre en s'intercalant entre eux. Les cieux célestes qui contiennent les étoiles sont représentés par la déesse Nout, qui étend ses membres de part et d'autre de la terre. Nout, la déesse du ciel, est souvent représentée avec les étoiles de la voie lactée peintes sur son corps pour démontrer sa nature céleste. Nout avale le dieu du soleil - également connu sous le nom de Râ- chaque soir et lui donne naissance le matin. C'est ce qui donne le lever et le coucher du soleil. Lorsque Râ, le dieu du soleil, est en train de se lever, on l'appelle Râ-Khépri. Son état au coucher du soleil est appelé Râ-Atoum. La terre est représentée par le dieu Geb, et il est le sol qui s'étend sous l'immense Nout.

Une fois la terre formée, les êtres humains ont été créés. Dans notre complexité en tant qu'êtres humains, nous avons différents aspects qui constituent ce que nous sommes. L'un de ces aspects est l'ego, que nous tempérons par l'application de la sagesse et de l'intuition. L'ego au sein de l'humanité est représenté par le dieu Seth, et la sagesse et l'intuition sont représentées par le dieu Aset. Ces aspects de la personnalité humaine sont rendus possibles parce que l'humanité est une âme éternelle. L'âme éternelle est représentée par le dieu Asar. Dans la mythologie grecque, Asar est connu sous le nom d'Osiris, le dieu dont le frère Seth se coupe en 14 morceaux par jalousie.

Ce sont les éléments que Râ a créés, aux côtés des deux déesses de la création sous la forme des principes Nebethetepet et Iousaaset. Ces déesses sont respectivement co-créatrice avec Râ et grand-mère des dieux. Ensemble, elles forment un triangle divin qui crée l'arbre de vie.

Lorsque le récit de la création kémétique est raconté, il n'utilise pas les noms de principes et d'éléments tels que "équilibre" et "ordre" ou "air" et "eau". Il est plutôt personnalisé, et ces éléments et principes reçoivent des noms de dieux et de déesses. Pour vous familiariser avec cette méthode de narration, remontez à la classe de théâtre de la maternelle. Imaginez un spectacle de fin d'année où chaque enfant se voit attribuer un rôle unique. Même s'il est mineur, ce rôle nécessite un costume spécial qui est créé pour être montré. La pièce est l'occasion pour l'enfant de jouer et de présenter son costume à ses parents, qui en sont fiers. Parfois, ce rôle est aussi anodin qu'un "arbre qui se balance dans le vent". Mais il donne à l'enfant un sentiment de participation en lui permettant d'assumer pleinement le rôle ou l'élément qui lui a été confié. Lorsque vous pratiquez la théurgie, vous vous comportez de la même manière que ces enfants à la pièce de théâtre de l'école. Vous devenez totalement le principe dont vous avez décidé d'adopter les propriétés. Il s'agit de comprendre le dieu ou la déesse qu'incarne ce principe. Ce faisant, cherchez à connaître son histoire et les défis qu'il a dû relever. Découvrez le rôle qu'ils ont joué dans l'histoire de la création et l'élément qu'ils incarnent. En comprenant cela, vous serez mieux armé pour faire face aux défis de votre vie. Vous pouvez vous aligner sur le principe qui vous permet le mieux de surmonter les épreuves auxquels vous êtes confronté. Le principe qui a déjà surmonté vos épreuves peut être invoqué pour vous aider à surmonter vos épreuves actuelles. Vous pouvez imiter son attitude et son comportement. Vous pratiquez ainsi la théurgie en devenant le principe qui a surmonté les épreuves et s'est transcendé vers le prochain plan d'existence.

Alors, si vous êtes cet arbre qui se balance dans le vent, quel son produisez-vous ? Quelles actions entreprenez-vous ? Quelle est l'expérience de toute personne qui interagit avec vous ? Si nous étendons un peu plus cette analogie à des éléments tels que l'air, l'eau et la chaleur, nous entrons dans le monde de l'ancienne Kemet et des dieux et déesses qui composent l'histoire de la création.

En effet, dans ce récit de la création, nous avons des éléments qui sont apparus dans l'ordre où leurs vertus étaient nécessaires. Ces éléments, qui prennent le nom de dieux et de déesses, sont les suivants :

- Djehouti (le dieu de la lune)
- Maât (la déesse de l'équilibre et de l'harmonie)
- Het-Héru (Hathor, la belle déesse des festivités)
- Shou (le dieu de l'air)
- Tefnout (la déesse de l'humidité et des précipitations)
- Nout (la déesse du ciel nocturne)
- Geb (le Dieu de la terre)
- Asar (le Dieu de la végétation)
- Seth (le Dieu du chaos, de la confusion, de la destruction, des tempêtes, des terres étrangères, des éclipses, des tremblements de terre et de la violence)
- Aset (la déesse de la sagesse et de l'intuition)
- Nebthet la (déesse de l'air)
- Heru Ur (le Dieu de la guerre et du ciel)
- Nbt hotep (Nebethetepet, ou Nbt hotep, représente le repos. Avec le mouvement, représenté par Iousaaset, ils créent le temps et l'espace. Ainsi, ces deux éléments s'unissent à Râ pour former un triangle qui est la base du temps et de l'espace. Ce fondement permet à Râ de créer le monde)
- Iousaaset (Grand-mère des dieux et déesses)

Nous devons également comprendre l'histoire de la

création, car elle nous indique la voie à suivre lorsque nous recherchons l'illumination. La compréhension du processus de création vous fera prendre conscience des principes qui existaient à l'époque et que vous devez utiliser si vous voulez élever votre vibration à un niveau énergétique qui vous rapproche de l'alignement avec le divin.

Bien que le mot Kemet signifie "terre des Noirs" ou "terre noire", nous devons comprendre qu'avant l'utilisation de ce nom, la spiritualité pratiquée dans ce pays existait depuis plus de 3 000 ans. Si l'on compare cela au fait que la première migration de l'humanité de l'Afrique vers l'Asie, puis vers le reste du globe, s'est produite il y a entre 80 000 et 15 000 ans, et qu'elle s'est poursuivie depuis, on comprend pourquoi les traces de la spiritualité kémétique sont évidentes dans les pratiques religieuses des peuples du monde entier. Les érudits voyageaient à travers le monde pour apprendre la sagesse et la spiritualité de l'Égypte ancienne avant de retourner dans leur propre pays et de l'adapter à leur culture locale. Les traces de cette sagesse et de cette spiritualité anciennes se retrouvent entrelacées dans les croyances locales du monde entier. Par conséquent, en adhérant à la spiritualité kémétique, vous adhérez à des croyances auxquelles l'humanité s'est accrochée depuis des milliers d'années et qui sont toujours pratiquées en raison de leur pertinence dans notre vie actuelle. Les découvertes de la science moderne, telles que la connaissance des atomes et des hologrammes, ont permis de mieux comprendre l'esprit humain et ses capacités. Des livres tels que *Quantum Warrior* de John Kehoe expliquent en détail le lien entre les atomes, les vibrations et l'esprit humain. Il soutient qu'en utilisant des affirmations, vous pouvez vous aligner sur le champ quantique en utilisant le pouvoir de la vibration. Ce faisant, nous manifestons la vie que nous voulons vivre (Kehoe, 2011). En parcourant les pages de ce livre, vous vous rendrez compte que ce ne sont là que quelques-uns des concepts incarnés dans les pratiques de l'ancienne Kemet.

La démarche spirituelle kémétique est plus qu'une religion, c'est un mode de vie. Plutôt que de se concentrer sur un seul aspect, comme la prière, la méditation ou le régime alimentaire, pour s'aligner sur le divin, la spiritualité kémétique fait appel à tous ces aspects. En effet, elle englobe tous les aspects de votre vie et informe la manière dont vous menez vos activités quotidiennes, du moment où vous vous réveillez jusqu'au coucher.

C'est pourquoi il est utile de comprendre qu'il existe une interconnexion entre chaque chapitre de ce livre. Les chapitres peuvent être présentés individuellement, ce qui vous permet de réviser des concepts individuels. Toutefois, il est utile de comprendre que chaque chapitre et chaque discipline sont liés entre eux. La divinité traverse notre vie et ses processus de la même manière que tous les principes et forces utilisés dans la création du monde provenaient d'une seule et même force divine. Vous ne pouvez pas vous séparer de la divinité, car vivre délibérément en alignement avec elle, c'est réussir dans de nombreux domaines de votre vie.

SET

# COMMENT COMMENCER À PRATIQUER LA SPIRITUALITÉ KÉMÉTIQUE ET CE QU'IL FAUT COMPRENDRE POUR ACCÉLÉRER VOTRE CROISSANCE SPIRITUELLE

Pour commencer votre pratique de la spiritualité kémétique, vous devez comprendre que le monde a été créé à partir de Noun. Le Noun est le néant qui existait avant que l'esprit, sous la forme de Râ, ne s'élève et ne forme progressivement le monde. La création elle-même s'est déroulée de telle manière que des états de conscience supérieurs ont été créés avant que des états vibratoires inférieurs n'existent. Chaque forme de conscience créée donnait naissance à une forme de conscience inférieure. Cela s'est produit jusqu'à ce que les éléments physiques se manifestent sous la forme de la terre et de tout ce qu'elle contient.

L'humanité, forme solide, est liée aux effets de l'ego et existe donc dans un état vibratoire bas. La pratique spirituelle vise à élever l'humanité de la conscience vibratoire inférieure vers une position où l'on vit quotidiennement en harmonie avec Dieu, capable d'appeler les créations de la même manière que Dieu l'a fait au cours du processus de création.

L'alignement avec Dieu s'obtient en maintenant un état d'équilibre. Cet état d'équilibre est extrêmement important dans la pratique de la spiritualité kémétique. La déesse Maât, qui incarne cet équilibre, influence la vie quotidienne du Kémétique jusqu'à l'état de mort et au-delà. L'alignement avec Dieu peut également être atteint en suivant des pratiques quotidiennes qui vous permettent de rester attentif à ce que vous donnez à manger à votre corps, à votre esprit et à votre âme. Chaque activité que vous entreprenez pour nourrir ces parties de votre vie devrait vous rapprocher de votre propre état de divinité.

## ATTEINDRE L'ÉQUILIBRE

La spiritualité kémétique repose sur l'équilibre de la loi et de l'ordre spirituels dans la vie de ceux qui la pratiquent. Une fois l'équilibre perdu dans votre propre vie, il vous sera difficile de vous aligner avec la source. La source divine apporte l'ordre, alors qu'un état de désordre est un état dans lequel le potentiel doit encore être réalisé, tout comme les eaux de Noun avant le début de la création.

Pour atteindre un état d'équilibre, il faut connaître les activités et les enseignements de la déesse Maât. Pour veiller au maintien de l'équilibre, les initiés étudiaient les 42 lois de Maât, la déesse qui incarne les lois de l'équilibre et de l'harmonie. C'est elle qui pèse le cœur ou l'esprit de chaque initié lorsqu'il passe dans les salles de jugement après la mort. Cela permet de déterminer si l'initié est digne de passer dans l'au-delà.

Les Kémétites croyaient qu'à la mort d'une personne, son cœur serait pesé par Maât contre la plume de la vérité. Elle est représentée avec cette plume d'autruche dans toutes ses illustrations. C'est avec cette plume qu'elle pesait le cœur d'une personne après sa mort afin de déterminer si elle pouvait entreprendre son voyage dans l'au-delà. Ceux qui échouaient au test terminaient leur voyage dans la salle du jugement, où ils étaient dévorés par Ammout, un croisement entre un crocodile, un hippopotame et un lion. Cet acte constituait la mort définitive de l'âme, qui ne connaissait pas l'au-delà et ne se réincarnait pas sur terre.

Pour s'assurer que leur voyage ne soit pas interrompu prématurément, les Kémétites s'engageaient dans un rituel qui plaçait les 42 lois de Maât au centre de leurs activités quotidiennes. Il s'agit donc d'un bon point de départ pour votre pratique.

En tant que pratiquant de la spiritualité kémétique, vous pouvez utiliser les 42 lois de Maât pour guider vos activités quotidiennes. Pour ce faire, vous pouvez commencer votre journée par une prière sous une forme qui reconnaît et intègre les lois de Maât. Il est préférable de le faire le matin entre 4 et 6 heures, avant de poursuivre les activités de la journée. Il est préférable de réciter à nouveau ces lois en fin de journée pour réfléchir sur la manière dont vous avez pu respecter vos intentions de la journée.

Les lois de Maât sont énumérées ci-dessous, accompagnées de quelques mots indiquant comment chaque loi peut être interprétée et appliquée dans votre vie.

## LES 42 LOIS DE MAÂT

**1. Je n'ai pas commis de péché.**

Il s'agit de l'absence d'actes répréhensibles. Honorant la vertu dans toutes les actions.

**2. Je n'ai pas commis de vol avec violence.**

Cette loi met en évidence deux actions négatives. La première action est le vol, qui prive une autre personne de ce qui lui appartient légitimement. La deuxième action est la nature violente avec laquelle cela est fait. L'acte violent perturbe la paix intérieure d'une personne en plus de la perturbation causée par la perte de ses biens. Par conséquent, si vous enfreignez cette loi, vous portez atteinte à la capacité d'une autre personne à vivre en paix et en harmonie.

**3. Je n'ai pas volé.**

Cette loi est étroitement liée à la précédente car lorsque vous volez, vous privez une autre personne de ses biens personnels. En outre, vous lui causez des troubles mentaux qui affectent sa capacité à vivre dans Maât.

**4. Je n'ai pas tué d'hommes ou de femmes.**

Le meurtre est mauvais, quelle que soit la situation.

**5. Je n'ai pas volé de nourriture.**

Lorsque vous volez de la nourriture, vous privez une autre personne de la possibilité de nourrir son corps.

**6. Je n'ai pas triché dans mes offrandes.**

Lorsque vous faites une offrande aux dieux et aux déesses, soyez honnête sur ce que vous offrez. Ne prétendez pas avoir offert plus que ce que vous avez offert. Ne prenez pas ce qui était destiné à l'offrande et ne l'utilisez pas pour vous-même, car vous voleriez alors les divinités. Elles sauront ce que vous avez fait et vous pourriez être privé de la bénédiction qui vous était destinée ou même subir un sort pire, comme une mort éternelle dans l'au-delà.

### 7. Je n'ai pas volé Dieu/Déesse.

Il s'agit de prendre ce qui a été offert aux dieux et aux déesses. Il peut s'agir d'offrandes faites par d'autres personnes ou, comme dans la loi précédente, d'offrandes que vous étiez censé faire.

### 8. Je n'ai pas menti.

Lorsque vous mentez, vous allez à l'encontre des principes de Maât. La vérité est un aspect important de l'équilibre et de l'harmonie ; c'est pourquoi il faut s'efforcer d'être honnête dans tout ce que l'on dit.

### 9. Je n'ai pas emporté de nourriture.

Une situation où la nourriture peut être emportée peut se produire dans un buffet. Certaines personnes se sentent en droit d'emporter de la nourriture du buffet pour la ramener chez elles. Il peut s'agir d'une consommation ultérieure ou d'un partage avec les personnes qui n'ont pas assisté à la réunion. Dans ce cas, il se peut qu'il n'y ait pas assez de nourriture pour les invités présents à l'événement. Il s'agit donc d'un acte très inconsidéré, et cet égoïsme doit être évité.

### 10. Je n'ai pas maudit.

Maudire va au-delà du fait de proférer des jurons, comme nous le pensons aujourd'hui. Maudire quelqu'un, c'est lui souhaiter du mal. C'est le contraire de le bénir. Il vaut mieux bénir quelqu'un que le maudire.

**11. Je n'ai pas fermé mes oreilles à la vérité.**

Maât est la déesse de la vérité. Il ne suffit donc pas de dire la vérité, il faut aussi permettre aux autres de dire leur vérité et d'être entendus.

**12. Je n'ai pas commis d'adultère.**

L'adultère est le fait de coucher avec la femme ou le mari d'un autre. Il peut également s'agir de l'acte de tromper son propre conjoint. Ne vous mettez pas dans la position de jouir de ce qui ne vous appartient pas. Il se peut que vous ayez à mentir sur vos actes ou à vous comporter de manière trompeuse pour cacher ce que vous avez fait.

**13. Je n'ai fait pleurer personne.**

Il y a de nombreuses raisons pour lesquelles quelqu'un peut pleurer à cause de vos actions. Il peut s'agir d'une tentative délibérée de lui faire du mal, d'un mensonge ou d'une omission, ou encore d'un acte malveillant à son égard. Agissez de manière réfléchie envers les autres pour éviter qu'ils ne soient attristés par vos actions.

**14. Je n'ai pas ressenti de chagrin sans raison.**

Essayez de vivre votre vie dans la joie et en accord avec vos idéaux les plus élevés. Si vous vous sentez triste, identifiez-en la raison et réglez-la, afin de ne pas sombrer dans un état dépressif.

**15. Je n'ai agressé personne.**

Évitez les comportements violents, en particulier à l'égard des autres. Les agressions physiques et psychologiques peuvent avoir un effet négatif à long terme sur la personne agressée, qui risquent de souffrir d'un traumatisme.

### 16. Je ne suis pas malhonnête.

Ne laissez pas vos pensées, vos paroles et vos actions donner lieu à un comportement malhonnête. Agissez toujours avec intégrité.

### 17. Je n'ai volé la terre de personne.

La terre était importante à Kemet car elle était la source de la production alimentaire et, par conséquent, un moyen pour les gens de subvenir à leurs besoins et à ceux de leurs familles. Lorsque vous appliquez ce raisonnement à notre époque moderne, veillez à ne pas priver quelqu'un d ses moyens de subsistance.

### 18. Je n'ai pas écouté aux portes.

Vous devez permettre aux gens d'avoir des conversations privées derrière des portes closes ou lorsqu'ils se croient seuls. Si vous avez l'intention d'écouter une conversation, les interlocuteurs doivent être informés de votre présence afin qu'ils puissent décider s'ils souhaitent ou non partager l'information avec vous.

### 19. Je n'ai accusé personne à tort.

Si vous savez que quelqu'un n'a rien fait de mal, ne l'accusez pas d'avoir fait quelque chose de mal. Vous mentez et ruinez sa réputation.

### 20. Je ne me suis jamais mis en colère sans raison.

Essayez d'éviter de vous emporter, car vous risquez de vous mettre en colère sans raison. Cela a un effet négatif sur votre entourage et sur la façon dont les gens vous perçoivent et interagissent avec vous. Essayez de vivre et de communiquer calmement. Lorsque vous vous mettez en colère, vous devez avoir une raison de le faire.

### 21. Je n'ai séduit la femme de personne.

Ceci est en accord avec la 12-ème loi. Séduire la femme de quelqu'un peut conduire à l'adultère, ce qui est à éviter.

### 22. Je ne me suis pas contaminé.

Ne consommez pas de substances nocives pour votre corps. Essayez de garder votre corps pur en vous tenant à l'écart de substances telles que les drogues qui peuvent entraîner une détérioration du corps, en particulier des organes connus sous le nom d'enfants d'Horus, qui garantissent un corps sain.

### 23. Je n'ai terrorisé personne.

Ne vous comportez pas de manière à ce que l'autre vive dans la peur. Permettez à chacun de vivre en confiance et en paix.

### 24. Je n'ai pas désobéi à la loi.

Suivez la loi du pays qui a été établie par les juges et les dirigeants du pays dans lequel vous vivez. Efforcez-vous également de vivre en accord avec les lois de la Maât.

### 25. Je ne suis pas resté dans un état de colère.

Même si vous ne devez pas vous mettre en colère sans raison, comme le stipule la loi 20, essayez de ne pas vous laisser envahir par la colère. Cela vous amènera à maintenir continuellement un état d'esprit colérique jusqu'à ce qu'il fasse partie intégrante de votre personnalité.

### 26. Je n'ai pas maudit de Dieu/déesse.

Vous devez vous efforcer de vivre en accord avec les dieux et les déesses et ne pas les maudire. Vous devriez plutôt rechercher leur faveur. Si vous avez l'impression qu'un dieu ou une déesse ne vous bénit pas conformément à vos attentes, cherchez la raison de cette situation plutôt que de les maudire. En les maudissant, vous risquez de retarder davantage l'obtention de certaines de vos bénédictions et de la protection que vous avez demandée.

### 27. Je n'ai pas agi avec violence.

Lorsque vous agissez avec violence, vous n'agissez pas de manière pacifique. Vous devez vous efforcer de maintenir la paix et l'équilibre à tout moment.

### 28. Je n'ai pas perturbé la paix.

Ceci est lié à la loi ci-dessus. Agissez pacifiquement et permettez aux autres personnes d'agir pacifiquement. Essayez de ne pas vous comporter de manière à perturbe les émotions des gens ou à troubler la paix dans le voisinage. Un exemple pourrait être de mettre de la musique forte dans un quartier de personnes âgées et de provoquer ainsi l'irritation de la plupart des résidents.

### 29. Je n'ai pas agi de manière précipitée ou irréfléchie.

Réfléchissez bien aux actions que vous envisagez de mener avant de les entreprendre. Vous vous assurerez ainsi que vous ne regretterez pas vos actions à l'avenir.

### 30. Je n'ai pas dépassé les limites de mes préoccupations.

Essayez de ne pas vous occuper des affaires des autres. Ne vous occupez que des questions qui vous concernent. Vous éviterez ainsi d'être la proie des commérages et des propos tenus par des esprits oisifs.

### 31. Je n'ai pas exagéré mes propos en parlant.

Lorsque vous transmettez une nouvelle ou un récit, n'essayez pas d'attirer l'attention en exagérant les détails de ce qui s'est passé. Cela équivaut parfois à un mensonge et peut même causer du tort à ceux à qui l'histoire implique.

### 32. Je n'ai pas fait de mal.

Agissez toujours avec bonté et intégrité. S'abstenir d'agir avec des intentions néfastes, car il s'agit d'un comportement maléfique.

### 33. Je n'ai pas eu de pensées, de paroles ou d'actes mauvais.

Cette loi est liée à la précédente et nous rappelle que nous devons vivre dans la pureté de nos paroles, de nos pensées et de nos actes.

### 34. Je n'ai pas contaminé l'eau.

L'eau donne la vie à tous les êtres vivants. Soyez bon avec vous-même, avec l'humanité et avec la vie sur terre en conservant les voies d'eau propres et fraîches.

### 35. Je n'ai pas parlé avec colère ou arrogance.

Ne soyez pas hautains dans votre comportement ou

dans votre communication. Soyez aimable et humble dans vos engagements.

## 36. Je n'ai maudit personne en pensée, en parole ou en action.

Il est préférable de ne pas souhaiter de mal à qui que ce soit. Vous ne devez pas non plus leur dire que vous leur souhaitez du mal, et surtout pas d'une manière qui traduise vos intentions réellement néfastes à leur égard. En outre, il est préférable de s'abstenir de s'engager dans une activité dont on sait qu'elle peut causer du tort à quelqu'un.

## 37. Je ne me suis pas mis sur un piédestal.

Il est préférable de ne pas avoir une trop haute estime de soi-même. Penser et se comporter de manière humble est avantageux pour vous et pour tous ceux qui vous entourent. Ne laissez pas votre ego guider vos actions.

## 38. Je n'ai pas volé ce qui appartient à un dieu/déesse.

Vous pouvez rencontrer des objets qui ont été offerts à un dieu ou à une déesse. Aussi attrayants soient-ils pour vous, n'en faites pas vos biens. Laissez-les aux dieux ou déesses auxquels ils ont été offerts. S'approprier ces objets pourrait avoir des conséquences négatives sur votre vie.

## 39. Je n'ai pas volé ni manqué de respect à une personne décédée.

Lorsque les gens étaient enterrés à Kemet, ils l'étaient avec des trésors et des objets qui devaient être utilisés lors de leur voyage dans l'au-delà. Cette loi avait pour but de dissuader les gens de devenir des pilleurs de tombes. Aujourd'hui, vous pouvez appliquer cette loi en respectant les souhaits du défunt lorsqu'il a laissé un testament avec des instructions implicites. Vous pouvez également éviter de prendre des objets qui ont été laissés sur une tombe en souvenir d'un être cher. Respectez les morts.

**40. Je n'ai pas pris de nourriture à un enfant.**

Les enfants doivent être soignés et non maltraités. Il ne faut pas prendre la nourriture d'un enfant ou toute autre chose destinée à le nourrir et à le faire vivre.

**41. Je n'ai pas agi avec insolence.**

Agir avec insolence signifie que vous avez agi de manière irrespectueuse. Veillez à traiter toutes les personnes que vous rencontrez avec respect. Cela ne doit pas dépendre du fait que vous pensiez qu'ils méritent ce respect ou non ; il est préférable de les traiter correctement.

**42. Je n'ai pas détruit de biens appartenant à un dieu/déesse.**

Ceci est en accord avec la loi numérotée 38, qui est une déclaration de ne pas avoir volé un dieu ou une déesse. De même, il est préférable de prendre soin et d'honorer ce qui appartient aux dieux et aux déesses en ne le détruisant pas.

## LES ENFANTS D'HORUS

Au cours du processus de momification, des dieux spécifiques, connus sous le nom d'enfants d'Horus, étaient chargés de veiller sur les organes internes identifiés au cours du voyage dans l'au-delà. Ces dieux s'appelaient Hâpi, Imsety, Douamoutef et Kébehsénouf et étaient respectivement responsables de l'estomac, des intestins, des poumons et du foie. Les organes identifiés étaient momifiés et placés dans des jarres canopes. Chaque jarre portait l'image du dieu qui gardait l'organe corporel qu'elle contenait. Ce processus de préservation souligne l'importance du corps et de ces organes particuliers dans cette vie et dans la suivante.

Il est donc bon de reconnaître l'importance de votre corps en tant que vaisseau qui porte votre esprit tout au long de votre vie sur terre. Pour ce faire, il faut notamment bénir les organes qui ont été spécifiquement confiés aux enfants d'Horus après la mort. L'examen de chacune de ces parties du corps permet de comprendre pourquoi elles sont importantes pour votre vie quotidienne.

Hâpi, le dieu à tête de babouin, s'occupe des poumons. Ils permettent la respiration de l'oxygène vital dans votre corps. Chaque cellule de votre corps a besoin de cet oxygène pour survivre. Si vous ne pouvez plus respirer, vous mourrez.

L'Imsety à tête humaine s'occupe de votre foie. Le foie sécrète certaines des hormones et des enzymes les plus importantes pour permettre la digestion des aliments. En outre, le foie décompose certaines substances moins nutritives que nous consommons. Il s'agit notamment des drogues et de l'alcool, que le foie décompose pour qu'ils ne soient pas toxiques pour l'organisme. Le foie décompose les graisses et stocke le glucose, ce qui le rend important pour notre capacité à prospérer tant en période de pénurie que d'abondance.

Le Douamoutef à tête de chacal protège l'estomac. L'estomac est le premier réceptacle de notre nourriture une fois que nous l'avons mâchée et avalée. Il élimine les substances nocives et participe au processus de digestion.

Kébehsénouf est représenté sur la jarre canopique avec une tête de faucon. Il veille sur les intestins. Les intestins permettent d'absorber la nourriture dans le corps et se composent de l'intestin grêle et du gros intestin. Chacune de ces parties a des fonctions différentes dans le processus de digestion. Le nerf vague, qui assure la liaison entre le cerveau et l'intestin, relie les intestins au cerveau. Par conséquent, toute perturbation des intestins a un impact direct sur la clarté mentale et la façon dont les individus peuvent s'engager et apprécier le monde qui les entoure.

Pour vous aider dans votre cheminement spirituel, il est conseillé de renforcer votre corps et votre esprit en plus de votre esprit. Pour renforcer votre corps, il est avantageux de suivre un régime kémétique. Ce régime garantit que tout ce que vous consommez vous apporte une énergie positive émanant directement du soleil, la source d'énergie de la terre.

## CONSTRUIRE UN CORPS SAIN

Un régime alimentaire contenant des aliments non biologiques et non conformes aux principes kémétiques est à l'origine de l'insalubrité des populations de la société moderne. Cela est dû en grande partie à l'augmentation des maladies causées par la consommation d'aliments préjudiciables à notre santé. Certains de ces aliments populaires, tels que les produits laitiers, les aliments transformés et les fruits de mer, provoquent des inflammations, des congestions et un épuisement de l'énergie. Ce dernier est dû aux efforts considérables nécessaires à la digestion de ces aliments. Ces aliments donnent souvent lieu à des allergies. Ainsi, au lieu de fournir une nourriture facilement accessible à notre corps, ces aliments finissent par provoquer des maladies chroniques, car notre corps lutte pour faire face aux effets néfastes d'un régime qui ne fait rien pour élever notre fréquence vibratoire. Au contraire, une mauvaise alimentation nous donne une sensation de ballonnement et de manque d'énergie. Ce manque d'énergie physique peut avoir un impact sur notre capacité à nous concentrer et à poursuivre notre chemin spirituel.

## FORCE PHYSIQUE ET ÉQUILIBRE

L'intégration du yoga kémétique dans notre mode de vie quotidien permet d'assurer des fonctions corporelles saines et de s'aligner sur le divin. Pourquoi ne pas commencer votre journée par les techniques de respiration et les étirements que propose le yoga kémétique ? Cela vous permet de maintenir un corps solide et d'incorporer le souffle de vie comme une force qui calmera votre esprit et vous permettra de vous concentrer pleinement sur vos activités quotidiennes. (Voir le chapitre *Bonus* *Yoga Kémétique pour*

*Énergiser la Pratique Moderne Quotidienne* à la fin de ce livre).

Une pratique méditative qui inclut un alignement avec vos guides spirituels aide également à construire votre corps physique. C'est en interagissant avec vos guides spirituels que vous pouvez atteindre l'équilibre et la guérison dans des zones du corps que la médecine occidentale traditionnelle ne reconnaît pas ou traite avec des produits chimiques qui ne sont pas forcément bénéfiques pour la santé en général. Une approche spirituelle du bien-être aura un effet positif à long terme sur le corps et l'esprit.

## UN ESPRIT SAIN

En vous concentrant sur des études spirituelles, vous maintiendrez votre esprit dans un état qui vous permettra de créer des événements positifs dans votre vie. Ces études spirituelles peuvent être tirées de nombreuses religions positives du monde. Des religions, telles que le christianisme, le judaïsme, l'islam et le bouddhisme, trouveraient toutes leur origine dans l'ancienne Kemet. Bon nombre des thèmes enseignés et des histoires racontées dans ces religions ont conservé leurs origines kémétiques, même si les noms ont été modifiés et les histoires ajustées. Toutefois, les principes transmis aux adeptes restent les mêmes, les thèmes centraux tels que les dix commandements étant considérés comme dérivés des lois de Maât.

Pour conserver un esprit sain, vous devez également

vous concentrer sur des pensées positives. Faites attention aux pensées imprégnées de colère, de tristesse, d'inquiétude et de jalousie. Ces pensées peuvent entraîner l'apparition de maladies physiques au fil du temps, car les organes du corps commencent à réagir aux produits chimiques et aux enzymes qui sont sécrétés dans le corps lorsque de telles pensées sont entretenues. La spiritualité kémétique était consciente de ce lien et a encouragé la pensée pure il y a des milliers d'années. Ce n'est que récemment que des études scientifiques ont reconnu cette corrélation. Si vous ne prenez pas soin de contrôler et de stabiliser vos pensées négatives, cela pourrait avoir un effet épigénétique à long terme (Mate, 2022). Un effet épigénétique est un effet qui vous affecte au niveau génétique et qui peut donc être transmis à votre progéniture. Ainsi, la maladie du foie que vous avez provoquée par une trop grande inquiétude pourrait devenir héréditaire, car vos enfants et vos petits-enfants pourraient la développer. Par conséquent, certains types de maladies considérées comme génétiques peuvent être évités simplement en maintenant la pureté de l'esprit. Une fois que vous aurez reconnu qu'un état d'esprit sain peut avoir un effet sur votre bien-être général, vous pourrez faire en sorte que votre environnement et votre mode de vie permettent à cet état d'esprit sain de s'épanouir.

Pour s'assurer de conserver une attitude positive pendant la majeure partie de sa vie, il serait bénéfique de choisir une profession en accord avec sa personnalité (Muata Ashby, 2002). Ainsi, lorsque vous vous concentrez sur votre travail, celui-ci devient une pratique méditative. Si, au cours de votre journée de travail, vous êtes le plus souvent dans un état d'aisance, vous serez moins enclin au mal-être. Les émotions positives qui découlent de l'appréciation de votre travail se traduiront par un état d'esprit positif permanent. Cela aura un impact bénéfique sur votre santé à court et à long terme.

## LES SEPT PRINCIPES HERMÉTIQUES

Outre les lois de la Maât, les sept principes hermétiques constituent un autre moyen d'atteindre l'équilibre. Ces principes hermétiques ont continué à être appliqués dans le monde entier. Leur adoption dans la culture grecque a grandement influencé leur capacité à persister dans la compréhension spirituelle moderne. Les principes hermétiques nous ont été transmis par le dieu Hermès Trismégiste. Parallèlement à la théurgie et à l'astrologie, ils vous permettront d'accéder à la sagesse de l'univers. J'évoquerai brièvement ces principes ici et les développerai davantage dans le chapitre consacré à la science kémétique.

1. Le principe du Mentalisme
2. Le principe de Correspondance
3. Le principe de Vibration
4. Le principe de Polarité
5. Le principe du Rythme
6. Le principe de Causalité
7. Le principe du Genre

Ensemble, ces principes devraient vous guider dans

votre parcours en tant qu'initié spirituel pendant que vous prenez vos décisions quotidiennes.

## DEVENIR DIVIN

Le Kémétisme est une théurgie plus qu'une théologie. Cela signifie qu'il va au-delà de l'étude des dieux et des déesses. C'est un mode de vie où l'on s'efforce de ressembler aux dieux et aux déesses en adoptant leurs aspects positifs. Vous devez comprendre les défis auxquels les dieux et les déesses ont été confrontés au cours de leur vie et vous efforcer de les surmonter dans votre propre vie. Vous pouvez vous inspirer des chemins empruntés par les dieux et les déesses et vous en inspirer. Au-delà du mimétisme, la théurgie consiste également à appeler activement les divinités à être présentes dans votre vie et à guider vos affaires quotidiennes. Cela passe par la prière, des rituels et d'autres pratiques spirituelles telles que le yoga. Cela vous permet d'utiliser la présence et l'énergie de la divinité pour vous aider à surmonter les difficultés, de la même manière que le port d'un imperméable vous permet de marcher sous la pluie sans être mouillé. Il ne vous rend pas imperméable, mais il vous empêche d'être directement touché par l'eau. En portant un imperméable, vous arrivez sec à votre destination. En pratiquant la théurgie, vous surmontez les défis de la vie quotidienne sans l'impact émotionnel et spirituel profond que certains événements peuvent avoir. La pratique de la théurgie peut également vous aider à surmonter l'impact d'événements négatifs antérieurs. Vous disposez ainsi de la meilleure plate-forme pour atteindre vos objectifs de vie.

En plus d'apprendre sur leur vie, vous pouvez travailler plus étroitement avec les lois universelles et l'énergie. Vous pouvez le faire en participant délibérément à des rituels, par exemple en rendant hommage à vos ancêtres et à vos guides spirituels. Cela vous aidera à prêter attention aux lois hermétiques et à vivre de manière à vous aligner sur elles. La capacité à faire cela et donc à manipuler les événements en sa faveur est ce en quoi consistait la magie dans l'ancien Kemet. En fait, à Kemet, il y avait un dieu de la magie qui s'appelait Heka. Il était généralement représenté portant une coiffe et les deux mains levées. Il était tellement présent dans tous les aspects de la vie qu'il semblait presque invisible en raison de son omniprésence. Il vous est donc recommandé d'être conscient de l'omniprésence des forces magiques et de la possibilité d'obtenir des résultats extraordinaires.

La santé est un état de l'esprit, du corps et de l'âme. Ces trois aspects de la personne doivent être sains et équilibrés si l'on veut s'assurer une santé durable. Selon Muata Ashby, spécialiste du Kémétisme, "la maladie doit être traitée au niveau de l'âme par la discipline de la méditation, au niveau mental par l'étude et la compréhension du but de la vie... et au niveau physique par un régime alimentaire et des exercices appropriés". Un mode de vie kémétique comprenant le yoga kémétique, la méditation sur les lois de Maât, un régime alimentaire kémétique et une étude spirituelle est donc bénéfique pour la santé et le bien-être général.

Lorsque vous vivez dans un corps sain, avec un esprit et une âme sains, vous vivez en harmonie avec vous-même et en accord avec les lois de Maât. Par conséquent, un mode de vie kémétique qui cherche à améliorer votre vie spirituelle est bénéfique pour tous les aspects de votre existence.

THOTH

# L'ARBRE DE VIE ET COMMENT L'UTILISER POUR ATTEINDRE UNE CONSCIENCE PLUS ÉLEVÉE

L'arbre de vie a été popularisé par diverses religions. On trouve des preuves de son existence dans des croyances, des textes religieux et des lieux géographiques allant de la Kabbale au bouddhisme, en passant par la religion celtique, le christianisme, la religion turque, les Assyriens, les Mayas, les Amérindiens, l'hindouisme, l'islam et la Chine. Toutes ces cultures ont en commun de considérer l'arbre de vie comme un trait d'union entre le ciel et la terre. Certaines cultures considèrent également l'arbre de vie comme une force qui unit les familles, les cultures et les sociétés.

Les représentations de l'arbre de vie dans ces cultures montrent un arbre dont les racines et les branches s'étendent de haut en bas pour finalement faire partie du cercle dans lequel il est enfermé. Ces représentations montrent que l'arbre de vie est un outil qui nous permet de grandir depuis nos racines terrestres jusqu'à un niveau où nous embrassons le divin dans les cieux. En utilisant l'arbre de vie dans notre cheminement spirituel, nous pouvons atteindre des niveaux plus élevés de conscience spirituelle tout en créant un impact positif sur ceux qui nous entourent dans notre vie quotidienne. L'utilisation de l'arbre de vie comme outil d'éveil spirituel nous permet d'embrasser à la fois le ciel et la terre.

L'arbre de vie kémétique s'étend également de la terre vers les cieux. Cependant, au lieu d'un arbre, il utilise la forme d'un obélisque comme représentation visuelle. La longue colonne représente les différentes étapes et les multiples points de connexion des différents dieux et déesses décrits dans le récit de la création. La pierre Benben, de forme triangulaire, située au sommet de la structure, représente le point de connexion avec le dieu créateur sous la forme du soleil levant, également connu sous le nom d'Amen Râ ou d'Amon Râ. C'est sur la pierre Benben que Râ s'est posé lorsqu'il a émergé des eaux de Noun. De ce point de vue, il a utilisé l'énergie vibratoire pour créer le monde. En descendant de la pierre Benben et en parcourant la colonne de l'obélisque, nous rencontrons différents plans d'existence, chacun associé à différents principes. Chacun de ces principes, ou dieux, dans ces plans d'existence, représente un point du voyage de l'homme dans sa croissance ascendante vers l'illumination. Dans la direction opposée, ces points représentent le voyage de la création vers le bas, de l'éthéré vers une densité croissante. Outre l'obélisque surmonté de la pierre Benben en forme de pyramide, la structure pyramidale peut également être considérée comme l'arbre de vie. Pour cela, il faut inclure les principes qui forment la structure de base permettant à la création d'exister. Il s'agit des principes connus sous le nom de Nebethetepet et Iousaaset. Ils s'unissent pour former le temps et l'espace, créant ainsi une plate-forme sur laquelle la création peut exister. Avec Râ, ils forment une structure triangulaire qui ancre l'obélisque représentant l'histoire de la création.

Lorsque vous utilisez l'obélisque ou la pyramide comme structure pour vous aider à vous identifier aux principes de la création et à les manifester dans votre vie, vous devez comprendre l'ordre dans lequel les principes sont apparus au cours du processus de création. Vous devrez également incarner les traits de ces principes pour faire face aux défis que chacun d'entre eux a rencontrés au cours de sa vie. Les défis auxquels les principes ont été confrontés tout au long de leur vie et la manière dont ils les ont continuellement relevés et surmontés constituent également une ligne directrice pour vous aider à atteindre la grandeur dans votre vie en imitant les comportements qui les ont aidés à surmonter les défis.

Au cours du processus de création, chaque principe a émané du divin dans un processus de création descendant. Au cours de votre voyage spirituel, vous engagerez chaque principe dans l'ordre inverse de celui dans lequel ils ont été créés. Chaque étape que vous franchirez pour gravir cette échelle vous rapprochera de votre divinité. Plus vous incarnerez les aspects positifs du dieu ou de la déesse associé(e), plus votre croissance spirituelle sera importante. L'intention ultime est que vous parveniez à vous aligner avec le dieu créateur, Râ.

Pour vous aider dans votre voyage, examinons plus en détail le processus de création et les principes dans leur ordre d'apparition à travers les quatre plans d'existence.

## LES PLANS D'EXISTENCE

L'arbre de vie kémétique remonte à 4000 ans avant notre ère et est représenté par un obélisque ou une pyramide pour illustrer le chemin vers l'illumination spirituelle. L'obélisque est divisé en quatre plans d'existence à travers lesquels il faut s'élever pour atteindre un état divin. Chaque plan d'existence représente une faculté humaine différente qui doit être engagée et surmontée dans le voyage vers l'illumination.

L'illumination est atteinte en surmontant les défis rencontrés face aux principes résidant dans chacun des quatre plans d'existence. Chaque principe est représenté par une divinité qui représente la force suprême dont il est responsable.

En conquérant chaque force en vous, en tant que chercheur spirituel ou initié, vous pouvez passer de la maîtrise des éléments les plus denses à celle des éléments les plus éthérés. Une fois que vous aurez maîtrisé les 11 forces, vous atteindrez un niveau de transcendance.

Les forces sont souvent ressenties comme une pulsion intérieure ou un désir. Elles vous aideront à comprendre où vous en êtes dans votre parcours, sur quoi vous devez vous concentrer et comment maîtriser les défis actuels à tout moment. Les principes sont présentés ci-dessous dans l'ordre de création, c'est-à-dire du haut vers le bas. Rappelez-vous cependant que votre voyage spirituel sera une ascension du bas vers le haut. Chaque fois que vous surmonterez un défi, vous en affronterez un autre qui sera plus élevé sur l'arbre de vie. Si vous poursuivez votre voyage spirituel, vous vous élèverez jusqu'à atteindre la divinité de Râ.

## *Noun*

L'histoire de la création commence dans le premier plan d'existence, qui est Noun, la conscience indifférenciée. C'est de ces eaux chaotiques de Noun que Râ s'élève pour s'asseoir sur la pierre Ben-ben. Noun est le royaume absolu des mondes transcendants.

## *Râ, ou Rê*

Représenté par un homme à tête de faucon portant un disque solaire sur la tête, Râ est le dieu créateur. Il a créé le dieu Shou et la déesse Tefnout après avoir émergé des eaux de Noun. Shou et Tefnout représentent l'air et l'humidité.

Râ représente la croissance des êtres vivants grâce à la puissance du soleil, qu'il incarne. Râ s'exprime sous différentes formes, telles que le soleil levant - Amon Râ - et le soleil couchant - Atoum Râ. Dans ces deux états, Râ se prépare à dépenser une grande quantité d'énergie pendant la moitié de la journée. En tant que Amon Râ, il se prépare à éclairer la terre, apportant la chaleur et la capacité de croissance et de création de nourriture par les effets de la photosynthèse. En tant qu'Atoum Râ, cependant, il est sur le point d'être avalé par la déesse du ciel, Nout. Lorsque Nout avale Râ, elle prend la forme du ciel nocturne. Il entre alors dans le monde souterrain et passe la nuit entière à franchir 12 portes et à combattre le dieu serpent Apep (Apophis). Le lendemain, il émerge victorieux sous la forme du soleil matinal.

Alors que l'obélisque représente l'arbre de vie, Rê est assis sur la pierre Benben, qui se trouve au sommet de l'obélisque. Cela indique son rôle de gouverneur de toutes les autres divinités présentes sur l'arbre de vie et sur le chemin de la création. Si l'on étend le Benben jusqu'au sol, on constate qu'il prend la forme d'une pyramide au niveau du sol. Cette pyramide est ancrée de chaque côté par Nebethetepet et Iousaaset. Il s'agit du dieu et de la déesse qui étaient présents au début de la création, lorsque Râ a créé le monde. Cependant, en raison de leur rôle d'ancrage dans la grande pyramide, ils ne se trouvent pas dans le plan du Noun. Ils sont situés dans le plan d'existence le plus bas, le Ta.

## LE DOUAT

Lorsque Râ a émergé des eaux de Noun, il est entré dans le royaume des morts, le Douat. On y fait également référence en tant que royaume astral. C'est là qu'il a émergé sous la forme qu'il prend lorsqu'il entre dans ce royaume, à savoir Atum Râ ou Atoum Râ. Lorsqu'il était dans cet espace, il a commencé à mettre de l'ordre dans le monde en créant la déesse Maât. C'est ici, dans le royaume des morts, qu'il a également créé la compagne de Maât, Djehouti. Dans ce royaume, ils sont accompagnés par Het-Heru, également connue sous le nom de Hathor, la déesse du ciel.

Douat, le plan causal, est le centre des facultés mentales telles que la conscience et l'individualité. C'est sur ce plan que l'on trouve les principes d'équilibre et d'ordre, ainsi que l'intellect. Maât est l'équilibre et l'ordre, tandis que Djehouti est l'intellect. Ils sont maintenus ensemble par la force subtile de l'ordre représentée par Het-Heru.

## MAÂT

Maât représente l'ordre. Elle est la déesse de la vérité, de l'équilibre et de l'ordre. Si vous respectez les lois de Maât au cours de votre vie, vous ferez en sorte que votre vie soit en harmonie avec les lois universelles. Ces lois universelles de Maât ont été mises en place en tant que structure de base nécessaire à toute existence. Râ a fait naître Maât avant que le reste de la création ne soit mis en place. Les lois hermétiques suivent le principe de Maât, et le fait d'être en alignement avec elles vous met en alignement avec toute la création. C'est pourquoi l'adoption de ces lois vous permet de manifester vos intentions plus rapidement que si vous étiez dans un état de désordre et de chaos.

## DJEHOUTI OU THOTH

Djehouti, également connu sous le nom de Thot, représente l'intellect. Il est le dieu de la sagesse, de la magie, de l'écriture et de la lune. Thot était le dieu de l'équilibre et travaillait donc en étroite collaboration avec Maât. Il était souvent représenté sous la forme d'un homme à tête d'ibis ou d'un babouin assis. Sa proximité avec Râ se traduit par le disque solaire qu'il porte souvent sur la tête. Il est scribe et conseiller des dieux. Il règne également sur les questions de justice sur terre. Il chasse Apophis ou Apep, le serpent du chaos qui cherche à dévorer Râ chaque nuit. Thot connaît le passé et l'avenir, y compris le destin de chaque personne depuis sa naissance. Il compte les jours et les années de l'humanité. Après la mort des gens, il les aide à passer dans la salle de justice en leur fournissant des formules magiques à utiliser contre les démons du monde souterrain.

Thot est également connu sous le nom d'Hermès Trismégiste. Dans cette représentation, il nous a apporté les principes hermétiques. Ces principes nous guident sur la manière dont les lois de l'univers fonctionnent. Ils nous montrent comment nous comporter si nous voulons nous engager dans ces lois dans le but d'apporter des changements dans nos vies. Il nous a également apporté *les*

*Tablettes d'émeraude de Thot,* qui racontent les derniers jours de l'Atlantide et comment son amour de la connaissance a abouti à sa transmutation d'homme en Atlantide en dieu en Égypte.

### HET-HERU OU HATHOR

Hathor est la déesse guerrière au disque solaire et aux cornes de taureau. En tant que guerrière, elle fait partie du consort connu sous le nom d'*Œil de Râ*. Il s'agit de l'équipe que Râ a envoyée sur terre pour rétablir l'ordre. L'histoire d'Hathor raconte qu'à une époque, Sekhmet fut envoyée sur terre pour punir l'humanité de ses méfaits. Lorsque Sekhmet est arrivée, elle a commencé à tuer les gens sans distinction parce qu'ils avaient tous péché. Râ a piégé Sekhmet en lui faisant boire de la bière qui ressemblait au sang de l'humanité. L'alcool l'a fait s'endormir et lorsqu'elle s'est réveillée, elle n'était plus Sekhmet mais avait pris la forme de l'amusante Hathor.

HET HERU

Hathor est une déesse qui aime s'amuser et dont le don au monde est la gratitude. Observer les rituels religieux, prier et participer aux fêtes est sa recette pour une bonne vie. L'attitude de gratitude qu'elle enseigne vous permet de respecter les lois de Maât si vous savez la cultiver. Les effets de la gratitude se prolongent dans l'au-delà, car elle permet de garder un cœur léger comme une plume et, par conséquent, de passer à travers les salles de jugement.

## PET

Une fois les structures régissant l'univers mises en place, Râ créa Shou et Tefnout - l'air et l'humidité - en les crachant ou en les éternuant. Ce sont ses enfants, qu'il place dans le plan céleste. Ils créèrent à leur tour Geb et Nout, la terre et le ciel.

Au-dessus du plan physique se trouve Pet, le plan astral. C'est à ce niveau que résident les rêves, les idées, les pensées, les émotions et l'imagination. Les principes que vous devez surmonter pour conquérir ce plan sont l'air ou l'éther, la terre, l'eau et les cieux. Vous devrez donc faire appel à Shou, Geb, Tefnout et Nout pour y parvenir.

### *SHOU*

Shou représente l'air, l'espace et l'éther. Shou est le dieu de la lumière et une force de préservation. La conservation a lieu en sa présence. Pour comprendre ce concept, il suffit de penser à la façon dont les aliments déshydratés peuvent être conservés pour être consommés pendant une période plus longue.

Ses images le représentent portant des plumes d'autruche sur la tête. D'une main, il porte un ânkh, qui représente le souffle de vie. De l'autre main, il porte un sceptre, qui représente le pouvoir. On le voit souvent tenir le ciel – Nout - avec ses deux mains, tandis que ses pieds reposent à côté de Geb - la terre - qui repose sur le sol. Dans certains cas, Shou est représenté sous la forme d'un lion. Shou et Tefnout étaient également vénérés comme un couple de lions.

### *Tefnout ou Tefenet*

Tefnout représente l'eau et la force vitale. C'est la déesse de l'eau, qui apporte le changement par l'introduction de l'humidité. En provoquant le changement, elle crée le concept de temps, qui est utilisé pour différencier les états avant et après le changement.

Elle est représentée avec un serpent uræus et un disque solaire sur la tête. Elle a également été représentée avec une couronne de plantes en germination sur la tête. Comme Shu, elle porte un ânkh et un sceptre, représentant la vie et le pouvoir.

## NOUT

Nout représente le ciel. Elle est la déesse du ciel. Nout et Geb étaient des jumeaux qui sont nés en se serrant l'un contre l'autre. Lorsque Râ ordonna à Shou de les séparer, il tint Nout au-dessus de sa tête et laissa Geb couché à ses pieds. Le corps de Nout tient le chaos à distance, faute de quoi il franchirait les cieux et vaincrait la terre. C'est ce même chaos qui menace chaque jour de consumer Râ sous la forme du serpent Apep lorsqu'il traverse la Douat. Comme Râ avait décrété que Nout ne pouvait pas accoucher n'importe quel jour de l'année, il fallait trouver une solution créative pour que Nout, enceinte, puisse accoucher. Thot imagina un moyen de permettre à Nout, lourdement enceinte, d'accoucher sans défier Râ. Il créa cinq jours supplémentaires en utilisant des éclats de lune. Nout a pu accoucher successivement pendant ces jours supplémentaires. Le calendrier kémétique compte 360 jours et 5 jours supplémentaires pour tenir compte de la révolution complète autour du soleil. On ne peut s'empêcher de se demander si ces cinq jours supplémentaires ne sont pas ceux que Djehouti a créés pour permettre à Nout d'accoucher. Après tout, les jours supplémentaires ne s'intègrent pas facilement dans le calendrier kémétique bien divisé.

Nout avale Râ à l'ouest au coucher du soleil et lui donne naissance à l'est à l'aube. En traversant son corps intérieur, Râ combat les démons du monde souterrain, dont le serpent Apep, que Thot aide à chasser. Nout fournit de l'air frais aux âmes qui se trouvent dans le monde souterrain.

Nout est généralement représentée en arc de cercle au-dessus de la terre, ses pieds touchant le sol à gauche et ses mains touchant le sol à droite de l'image. Elle est également représentée comme une échelle entre la terre et les cieux, que les âmes peuvent gravir pour atteindre l'au-delà. Son corps est souvent peint en bleu et couvert d'étoiles qui représentent le ciel nocturne.

### Geb

Geb représente la terre, car il est le dieu de la terre. Il est le frère jumeau de Nout, la déesse du ciel.

Ses images le représentent sous la forme d'une oie ou d'un homme à tête d'oie. D'autres images le montrent comme un homme portant la couronne Atef, une combinaison de la couronne blanche Hedjet en forme de cône avec des plumes d'autruche enroulées de chaque côté.

NUT and GEB

## TA

Geb et Nout ont eu des enfants qui ont vécu sur le plan terrestre après leur naissance difficile. Ils ont dû vivre sur terre car Râ a décrété qu'ils étaient considérés comme inaptes à vivre sur le plan céleste en raison des circonstances de leur naissance. Ces enfants de Nout sont devenus les protagonistes des histoires qui décrivent les principales batailles auxquelles l'humanité est confrontée lorsqu'elle vit dans le royaume terrestre. Il s'agit de batailles liées à la tromperie, à l'envie et à la victoire sur le mal par la persévérance.

Ta est le plan d'existence physique sur lequel nous faisons l'expérience de la vie. C'est le plan d'existence le plus dense. Sur ce plan, vous trouverez les forces connues sous les noms d'Asar, Aset, Set, Nebthet, Heru Ur, Nebethetepet et Iousaaset.

### Asar, Ausar ou Osiris

Asar représente l'âme éternelle. Il est le dieu de la fertilité, de la vie, de la mort et du monde souterrain. Sa souveraineté sur la fertilité comprend la crue annuelle du Nil et le succès de l'agriculture. Cette dernière association renforce son identité d'homme vert. Il a également été représenté comme un homme noir dans un cercueil. Cela s'explique par le fait qu'il a été tué par son frère Seth plus d'une fois, et qu'à chaque fois, sa femme Aset a travaillé dur pour lui redonner la vie. La première fois que son frère l'a tué, il s'est fait piéger en entrant dans un cercueil. Son frère avait ensuite fermé le couvercle et jeté le cercueil dans le

Nil. Cependant, au lieu de mourir, Asar s'est retrouvé piégé dans un pilier de bois djed. En le sauvant du pilier de bois, Aset a provoqué une deuxième tentative de meurtre de la part de son frère. Ses représentations le montrent portant la couronne Atef avec son détail latéral en plume d'autruche reconnaissable, tandis que ses mains tiennent une crosse et un fléau.

Asar est le mari-frère d'Aset et le père d'Anpu, ou Anubis. Anpu est le fils de Nephthys et a été conçu alors qu'elle était déguisée - c'est ainsi que l'histoire est racontée pour dissimuler le fait qu'Asar a eu un enfant hors mariage. Par conséquent, Nephtys, la déesse de l'air, aurait été déguisée en Auset, sa sœur et l'épouse d'Asar. Asar est également le père des jumeaux Heru (Horus le plus jeune)

et Bastet. En tant que roi des enfers, tous les pharaons aspiraient à devenir comme Asar à leur mort.

### Aset, Auset ou Isis

Aset représente la sagesse et l'intuition. Elle porte le
titre de "mère de tous les dieux" car chaque pharaon était
son enfant - Heru. Pourtant, à leur mort, ces mêmes
pharaons aspiraient tous à devenir son mari, Asar. Grâce à
son pouvoir de résurrection, elle a pu ramener son mari
Asar à la vie la première fois que son frère Seth l'a tué.
Après avoir fait cela, Seth l'a découpé en 14 morceaux pour
s'assurer qu'il était vraiment mort. Cependant, Aset a
rassemblé tous ses morceaux afin de pouvoir lui offrir des
funérailles décentes. Elle a même créé une partie du corps
de remplacement après avoir perdu son pénis, qui avait été
avalé par un crocodile. On peut dire que c'est grâce à son
action inlassable qu'Asar a pu reprendre sa place de maître
des enfers après son enterrement.

Grâce à son pouvoir de ressusciter les morts, Aset était considérée comme très douée pour les arts magiques. C'est ainsi qu'elle a acquis la réputation de pouvoir guérir toutes les maladies. Vous pouvez demander à Aset de vous venir en aide dans les circonstances les plus difficiles, comme le faisaient les anciens Égyptiens. Elle a surmonté de nombreuses situations difficiles et aide ceux qui en ont besoin. Elle a acquis sa capacité de vaincre auprès de Râ après l'avoir amené par la ruse à lui révéler son vrai nom. Ce faisant, elle a pu le soudoyer pour qu'il lui donne ses pouvoirs.

On dit que les images d'Aset allaitant Horus ont inspiré les premières peintures de Marie et de Jésus. Horus a été conçu par Aset après qu'elle lui eut créé un phallus pour s'assurer que son corps était complet au moment de l'enterrement. D'autres images d'Aset la montrent avec un disque solaire sur la tête, porté par un trône ou une coiffe de vautour. Elle a également été représentée avec une couronne de Shuti qui porte l'uræus et le disque solaire entre deux cornes de vache. Cependant, le port de la couronne de Shuti peut être lié à sa conversion par la population sous la forme d'Hathor au cours des dernières années des dynasties égyptiennes. Certaines de ses images la montrent également coiffée d'une couronne à trois branches. Elle est associée à la lune, au Nil et aux étoiles.

### *Set, Seth ou Satet*

Il était le dieu du chaos, de la confusion, de la destruction, des tempêtes, des terres étrangères, des éclipses, des tremblements de terre et de la violence. Seth était le frère d'Asar, à qui il a apporté beaucoup de chaos violent au cours de sa vie. Seth tua Asar au cours d'une lutte pour le pouvoir pour l'Égypte. En tant que souverain sur des terres étrangères, il était aussi le protecteur des chasseurs, des soldats et des caravanes commerciales. Il sème la confusion parmi les troupes ennemies, ce qui permet à l'armée égyptienne de remporter des succès. Plus tard, il fut considéré comme un ami de Râ.

Il est représenté comme un chien à long museau, aux longues oreilles et à la queue fourchue.

### Nebthet, ou Nephthys

Déesse de l'air, Nebthet, mariée à Seth, est la mère d'Anubis. Anubis est l'enfant d'Asar, que Nebthet a conçu après s'être déguisée en sa sœur Aset et avoir séduit Asar.

Aux côtés d'Aset, elle a aidé à ressusciter Asar après que Seth l'ait tué. Cela lui a valu le titre de "protectrice des morts". Elle veille notamment sur les organes contenus dans les jarres canopes qui sont placées dans le tombeau à côté des morts lorsqu'ils sont enterrés.

Elle est parfois représentée avec un panier sur la tête. Elle a également été représentée comme une femme en deuil et comme un faucon.

### Heru-Ur (Horus l'ancien)

Heru-Ur s'est battu avec Seth après que ce dernier ait tué Asar pour le trône. Au cours de ce combat, Heru-Ur perdit son œil gauche. L'œil a été restauré par Djehouti. Par conséquent, la lune passe par différentes phases, symbolisant les moments où l'œil de Heru-Ur était complet jusqu'au moment où il n'avait plus d'œil. Lorsque le cycle lunaire reprend, son œil retrouve sa plénitude. L'œil de Heru-Ur symbolise donc la restauration, la santé et la protection. L'œil d'Heru-Ur entièrement restauré est symbolisé par le *wedjat*, également connu sous le nom d'œil d'Horus. Les amulettes de l'œil d'Horus sont considérées comme puissantes.

Plus tard, cependant, Aset en vint à symboliser Hathor. Pendant cette saison, Heru-Ur est représenté comme un enfant ou un mari d'Hathor. Les Grecs ont adopté Heru-Ur sous le nom d'Horus et, plus tard, lui ont donné le nom d'Apollon. Par conséquent, toute mention d'Apollon dans les textes grecs peut être considérée comme se rapportant à Heru-Ur en tant que dieu.

Heru-Ur était représenté par un faucon ou par un disque solaire ailé. Le Heru-Ur ailé planant au-dessus de la tête dans une image indiquait un roi. Sous la forme d'un faucon, son œil droit était l'étoile du matin, de la puissance. Son œil gauche était la lune ou l'étoile du soir, qui avait la force de guérir.

### NΒΤΗ ΗΟΤΕΡ, *Nebethetepet ou Nehmetawy*

Nebethetepet représente le repos. Avec le mouvement,

représenté par Iousaaset, ils créent le temps et l'espace. Ainsi, ces deux éléments s'unissent à Râ pour former un triangle qui est le fondement du temps et de l'espace. Ce fondement permet à Râ de créer le monde.

Sous le nom de Nehmetawy, elle était l'épouse de Thot et, parfois, l'épouse du dieu serpent Nehebu-kau. Nehmetawy était la protectrice de la loi et représentait la sagesse et la justice. Le nom Nehmetawy signifie "celle qui embrasse ceux qui sont dans le besoin".

Elle est représentée comme une femme vêtue d'une longue robe, portant parfois un enfant. Sur sa tête, elle porte une couronne composée d'un sistre flanqué de deux uraei (uraei est le pluriel d'uraeus. L'*uræus* est le cobra égyptien ; il était souvent placé comme symbole sur les couronnes de la royauté égyptienne). Le *sistre* est un instrument de musique qui a la forme d'un U renversé, avec une poignée à une extrémité et des barres placées horizontalement en travers du U. Le son qu'il produit est semblable à celui d'un tambourin que l'on agite.

Chaque uræus de la couronne de Nehmetawy était orné d'un disque solaire. L'instrument sistre qui constitue sa couronne est similaire à celui que l'on voit souvent Hathor tenir dans sa main. On a donc supposé qu'il existait d'autres liens entre Nehmetawy et Hathor.

### *IOUSAASET, Iusas ou Saosis*

Iousaaset représente le mouvement. Elle est également la déesse de l'arbre de vie. L'arbre de vie est l'acacia, car non seulement il est durable, mais il est également comestible et possède des propriétés médicinales. Toutes les divinités, à l'exception d'Atum Râ, sont nées sous l'acacia, et Iousaaset est leur grand-mère à toutes. En tant que déesse de l'acacia médicinal, elle a la capacité d'éliminer toute impureté du corps et de guérir toutes les maladies. Cette capacité est décrite dans *le Livre pour sortir au jour*, également connu sous le nom de *Livre des morts égyptien*.

Aux côtés d'Atum Râ, elle a créé le monde car elle est la déesse de la création. C'est elle qui prononce les mots qui ont créé le monde.

Elle est également connue comme l'un des 10 000 visages d'Isis. Dans ses images, elle est représentée portant un disque solaire entre deux cornes, surmonté d'une couronne de vautour. Elle tient dans ses mains un ânkh et un sceptre.

Il s'agit des dieux et déesses de la création. Ils sont présentés dans l'ordre dans lequel ils se sont manifestés. Cependant, lorsque vous vous engagez avec eux, vous devez le faire de bas en haut, comme un outil pour vous aider à améliorer votre vie.

En méditant sur les défis qu'ils ont relevés, vous pouvez apprendre d'eux pour vous aider à surmonter vos propres difficultés. Vous pouvez également faire appel à eux pour obtenir des conseils dans les domaines qu'ils ont surmontés. De cette manière, ils deviennent vos guides tout au long de votre parcours de vie.

HEKA

# LA SCIENCE HERMÉTIQUE EN TOUTE SIMPLICITÉ POUR UNE VITALITÉ ET UNE ABONDANCE SANS FAILLE

C omme indiqué précédemment, la science hermétique a été introduite dans l'ancienne Kemet puis dans la Grèce antique par Hermès Trismégiste. Les principes qu'il a introduits sont basés sur la science. Cependant, jusqu'à ce que des découvertes scientifiques récentes soient faites, ces principes semblaient être imprégnés de croyances sans aucune base scientifique pour leur existence. Les progrès de la science moderne ont amené la compréhension scientifique au niveau où la spiritualité et la religion ont toujours existé. C'est à ce niveau que les actions fondées sur la foi aboutissent à des résultats tangibles. Cette connaissance permet de comprendre que l'exaucement des prières ne doit plus être attribué à une coïncidence. Au contraire, la prière est une confirmation de la mise en œuvre réussie d'actions scientifiquement fondées. Ces actions doivent être entreprises en accord avec la science hermétique et les sept principes spirituels.

En dehors de leur transmission dans les familles et les sociétés secrètes, les lois hermétiques ont été en grande partie perdues par la société au cours des millénaires. Au cours du siècle dernier, ces lois ont parfois refait surface sous diverses formes afin de guider ceux qui étaient en mesure de recevoir cette connaissance. Ce livre est l'une de ces formes, car il attire l'attention sur les lois hermétiques d'une manière directe. D'autres livres ont fait de même, notamment *The Secret* de Rhonda Byrne, *As A Man Thinketh* de James Allen et *Think and Grow Rich* de Napoleon Hill, pour n'en citer que quelques-uns.

Ces livres ont tenté d'attirer notre attention sur le fait que ce sur quoi nous concentrons notre attention entraîne une croissance dans ce domaine. Cela est vrai qu'il s'agisse d'une pensée positive ou négative sur laquelle nous nous concentrons. Notre attention, combinée à nos émotions, sert d'engrais spirituel à la croissance de cette chose. La raison pour laquelle cela se produit est due aux principes hermétiques sur lesquels l'univers est aligné. Nos émotions servent de source d'énergie qui alimente notre concentration et active ainsi le pouvoir de création qui existe en nous. Lorsque nous connaissons et comprenons ces lois universelles, nous sommes en mesure d'apporter à notre vie des changements qu'il aurait été difficile d'obtenir à partir d'une position d'ignorance.

# LE PRINCIPE DU MENTALISME

Ce principe affirme que l'univers est mental. Il fait référence au fait qu'il existe une conscience suprême qui contrôle l'ensemble de l'univers. C'est cette conscience suprême qui contrôle le mouvement des planètes, les marées de la mer et les rythmes de votre corps (Atkinson, 1908).

La croyance en une puissance spirituelle supérieure qui a créé l'univers est à la base de la plupart des religions du monde. Ces religions attribuent à cette puissance spirituelle supérieure la capacité de contrôler le monde et de veiller à ce que toutes les opérations se déroulent sans heurts, tant au ciel que sur terre. Les religions abrahamiques ont traditionnellement conçu cette figure comme ayant des qualités humaines. Dans la version eurocentrique, Dieu est représenté comme un vieil homme barbu flottant sur un nuage dans le ciel. Des événements scientifiques récents nous ont aidés à passer d'une entité physique unique qui contrôle le monde à une compréhension de l'interconnexion entre les êtres vivants. Notre personnalisation antérieure de la conscience universelle s'est avérée être une méthode utile pour orienter nos intentions en utilisant la méthode de la prière. Son utilité est née de l'idée que la plupart des gens sont incapables de se concentrer sur la conscience qui est en eux ou qui provient de l'univers. Il leur est plus facile de diriger leurs prières vers Allah, Dieu ou Jésus et d'obtenir des résultats similaires.

Les anciens Égyptiens utilisaient également la personnalisation de la conscience universelle pour orienter leurs prières vers les résultats souhaités. Ils sont allés plus loin qu'un dieu unique en se concentrant sur les différents aspects que Dieu incarne. En personnalisant chaque aspect, ils ont trouvé un moyen de séparer leurs besoins en dieux et déesses individuels qui reflètent ce qu'ils aimeraient expérimenter ou voir se réaliser dans leur vie. Ils ont ainsi pu adresser leurs prières au dieu ou à la déesse qui incarnait les principes particuliers qu'ils recherchaient. Cela leur permettait de se concentrer sur les domaines spécifiques dans lesquels ils avaient besoin d'amélioration.

Vous pouvez également utiliser cette approche pour vous aider dans votre vie de prière et votre processus de manifestation. Lorsque vous reconnaissez les dieux et les déesses qui sont en charge de l'aspect de votre vie que vous aimeriez faire évoluer, vous pouvez vous concentrer sur les principes que ces divinités incarnent. Lorsque vous combinez cela avec la connaissance des principes hermétiques, votre capacité à atteindre le résultat désiré est améliorée grâce à votre capacité à faire une demande plus précise. Cela équivaut à une prière ciblée. Au lieu de prier Dieu pour qu'il fasse preuve de bonne volonté dans votre vie, vous pouvez prier le dieu qui vous aide à surmonter l'ego. De cette manière, vous pouvez utiliser le principe de mentalité pour guider votre capacité à vous concentrer. Ce faisant, vous entrerez en contact avec la conscience universelle et provoquerez ainsi les changements que vous recherchez.

La science a continué à nous fournir des preuves de l'interconnexion entre toutes les réalités. La redécouverte de l'atome et de ses composants a révélé qu'il s'agit d'infimes particules qui composent tous les éléments de la réalité. Cette connaissance a changé la façon dont nous considérons toute la matière physique. Le fait que l'atome puisse être divisé pour créer une puissante explosion a fait prendre conscience de l'immense pouvoir qui réside dans les cellules de chaque personne.

La physique quantique a décomposé ces atomes en électrons, quarks et neutrons, dont l'état peut être affecté par la simple observation. Pour avoir un effet sur l'état de l'objet, l'observateur doit avoir une intention ou une attente à l'égard de l'objet. La théorie quantique nous apprend qu'avant d'exister dans le monde réel, un objet vit dans un état de potentiel. Il peut exprimer son potentiel sous la forme d'une onde ou d'une particule, et une fois que ce potentiel a été exprimé, il ne peut plus revenir en arrière. Le moment de l'existence est précédé d'une intention qui coïncide avec une observation. C'est donc l'intention de l'observateur qui détermine si une particule restera une particule ou deviendra une onde. Nous apprenons ainsi que ce que vous avez dans l'esprit sous forme d'intentions peut avoir un impact sur le résultat d'un événement observé. C'est le début de l'application du principe du mentalisme.

Ces minuscules particules peuvent également s'influencer mutuellement lorsqu'elles ne sont pas à proximité les unes des autres. L'exploration plus poussée de ce concept par la communauté non scientifique a fait passer l'application des connaissances qui en résultent du domaine scientifique au domaine spirituel. C'est ainsi que nous avons vu des praticiens tels que le Dr Joe Dispenza utiliser la théorie quantique comme outil pour guider la manipulation de l'existence d'un individu en travaillant avec le champ d'information (Dispenza, 2021). En reconnaissant le pouvoir de l'observation et de l'intention, Dispenza nous encourage à entretenir des pensées et des émotions positives si nous voulons obtenir des résultats positifs dans notre vie. Sa conviction que l'on peut influencer son environnement en exploitant le pouvoir de l'esprit est de plus en plus reprise par divers leaders spirituels et leaders d'opinion.

À la base de ces nouveaux enseignements se trouve la croyance en l'existence d'une conscience universelle. Cette conscience est censée relier toutes les matières vivantes, y compris chaque être humain. Par conséquent, chaque personne doit comprendre qu'elle peut puiser dans le pouvoir de cette conscience universelle en adoptant un état d'esprit positif et, ainsi, en élevant sa vibration pour ressembler à une fréquence plus proche d'une onde (le champ d'information) que d'une particule (la matière).

Adopter un état d'esprit positif vous permettra d'obtenir des résultats positifs dans votre vie. En revanche, si vous vous concentrez sur des expériences négatives, vous aurez des scénarios de vie plus négatifs. La raison en est que la conscience universelle réagit à nos émotions comme à un guide de ce que nous aimerions expérimenter. Elle nous fournit alors plus d'expériences qui sont en alignement avec l'énergie et l'émotion avec lesquelles nous avons fait notre demande. Par conséquent, les émotions que vous ressentez le plus fortement guideront votre vie dans la direction des pensées qui influencent ces émotions. C'est l'une des raisons pour lesquelles il est nécessaire de maintenir la paix intérieure en observant le principe kemétique de Maât. Lorsque vous vivez en Maât et que vous faites vos demandes à partir de ce niveau de paix, vous accueillerez davantage d'expériences qui engendrent ce sentiment dans votre vie.

Nous en concluons donc que notre engagement dans le monde qui nous entoure peut être influencé par notre intention associée à nos émotions. C'est ainsi que le principe a perduré, nous confirmant des milliers d'années plus tard que "l'univers est esprit".

## LE PRINCIPE DE CORRESPONDANCE

Le principe de correspondance est incarné par l'expression " en haut, comme en bas" et peut être étendu à " à l'intérieur, comme à l'extérieur" (Atkinson, 1908).

Le haut se réfère aux choses qui régissent l'univers, tandis que le bas se réfère aux expériences individuelles. Ce sont des reflets l'un de l'autre. Cela découle de la croyance selon laquelle l'univers est un hologramme. Si vous avez déjà vu un hologramme, vous aurez constaté que chaque composant d'un hologramme est une réplique de l'hologramme global. Dans la section précédente, nous avons vu que les atomes sont les éléments constitutifs de toute la matière structurelle qui forme l'univers. Cependant, si nous examinons le comportement des atomes individuels, nous constatons qu'en divisant un seul atome, nous créons une puissance qui a le potentiel de détruire une ville ou de fournir de l'électricité à cette même ville. Cela est dû au processus d'expansion continue qui a lieu une fois que l'atome est divisé. L'expansion continue de la cellule individuelle est similaire à ce qui se passe actuellement dans notre univers, qui est en expansion continue. Par conséquent, le minuscule atome, qui est un élément constitutif de l'univers, a le même potentiel d'expansion continue que l'univers lui-même.

Lorsque nous nous éloignons du comportement de cet atome et que nous observons l'univers sous forme de graphique, nous découvrons un hologramme étonnant. L'univers ressemble à une cellule du cerveau humain. Il s'agit d'une représentation étonnante de la loi de correspondance. L'image du cerveau de l'univers qui contrôle le cosmos se reflète dans la cellule du cerveau humain qui contrôle nos mondes intérieurs.

Ce principe, cependant, va au-delà de l'aspect du cerveau et affirme que votre situation individuelle reflète ce qui se passe dans l'univers.

Cette croyance se reflète dans la pratique de l'astrologie, qui fonde son existence sur ce principe. L'astrologie propose que l'état de l'univers au moment de votre naissance soit le reflet de la vie que vous aurez. D'autres pratiques qui utilisent ce concept du macrocosme reflété dans le microcosme sont celles qui pratiquent la divination en posant une question en même temps qu'une action est exécutée. C'est le cas du Yi King chinois, qui utilise des pièces de monnaie numérotées de la même manière que les spiritualistes africains traditionnels utilisaient des os, des pierres et d'autres objets pour prédire l'avenir. Ils fondent leurs divinations sur la croyance que le moment où l'on pose une question et où l'on jette les pièces de monnaie, les os, les pierres, etc. crée une coïncidence divine entre la question et la réponse (Beitman, 2017). La réponse se reflète dans les objets qui sont lancés, et en interprétant la disposition de ces objets, vous pouvez déchiffrer la réponse à votre question. En effet, le monde spirituel d'où émane votre question aura été reflété dans le monde physique représenté par les objets jetés.

Deepak Chopra va jusqu'à affirmer que toutes les coïncidences ont un sens et que nous devons être conscients de la synchronicité entre les événements qui se produisent ensemble (Chopra, 2004).

Cela signifie que si vous voulez comprendre le monde qui vous entoure, vous devez vous comprendre en tant qu'individu, car vous êtes le reflet de votre environnement. De même, si vous voulez changer votre environnement, travaillez à vous changer vous-même, puis observez votre environnement pour voir comment il reflète les changements que vous avez opérés. Cela est dû à la synchronicité qui existe entre ces deux entités extrêmement différentes et pourtant connectées.

## LE PRINCIPE DE LA VIBRATION

Rien n'est au repos, tout est en mouvement, tout vibre (Atkinson, 1908).

Les observations scientifiques modernes ont permis de

conclure que les particules de gaz ne sont pas les seules à vibrer. La vibration est un phénomène que connaissent tous les objets physiques. La différence entre des objets qui semblent différents malgré une composition chimique similaire, comme les solides, les liquides et les gaz, est due à la vitesse à laquelle ils vibrent.

Lorsque nous examinons l'histoire de la création kémétique à la lumière de ce principe, nous pouvons comprendre la sagesse de la raison pour laquelle elle commence par les eaux de Noun. Ces eaux représentaient une pure potentialité capable de passer facilement d'un état à l'autre. Il est facile d'observer l'eau lorsqu'elle passe d'un état à l'autre. Elle a une forme vibratoire dense appelée glace. Lorsqu'elle passe à une forme vibratoire plus élevée, elle devient du gaz.

Ainsi, en observant les différents états de l'eau, on comprend comment le taux de vibration peut influencer l'état d'un objet. Pourtant, il y a cent ans, les scientifiques n'avaient pas conscience du fait que tout vibre. Ils supposaient que les solides étaient solides et que rien ne pouvait les traverser. À cette époque, le principe de la vibration n'était une réalité que pour un petit groupe de personnes bien informées qui nous ont transmis cette information au fil des âges.

La physique quantique nous a de nouveau permis de constater que tous les objets sont constitués de petits atomes vibrants. Nous avons compris qu'un fauteuil est une collection d'atomes densément emballés qui vibrent à un rythme plus lent que les objets à vibration plus élevée.

Cela peut s'appliquer à tout ce que vous voyez. Il s'agit

d'une énergie qui a été condensée sous une forme physique grâce à la vitesse à laquelle elle vibre. Pour que les objets interagissent directement les uns avec les autres, ils doivent vibrer à la même fréquence. La fréquence peut rendre ces objets gazeux, liquides ou solides. Même les solides peuvent échanger des atomes avec des représentations d'autres états, comme le montre le phénomène d'un short blanc taché d'herbe verte. Imaginons un enfant jouant dehors, vêtu d'un short blanc propre, et tapant dans un ballon. L'enfant tombe sur l'herbe, dérapant légèrement vers l'avant. Lorsqu'il se relève, son short blanc est taché de vert. D'une manière ou d'une autre, il y a eu un transfert d'atomes de l'herbe vers le short, d'où la tache d'herbe sur le short. Il s'agit d'un exemple simple de transfert d'atomes entre deux éléments solides.

## LE PRINCIPE DE POLARITÉ

"Tout est double, tout a des pôles, tout a sa paire d'opposés, le semblable et le dissemblable sont identiques, les opposés sont identiques en nature, mais différents en degré, les extrêmes se rejoignent, toutes les vérités ne sont que des demi-vérités, tous les paradoxes peuvent être réconciliés" (Atkinson, 1908).

Ce principe considère tout comme des extrêmes de mesure entre des éléments spécifiques. Par exemple, l'amour et la haine sont simplement des mesures d'un seul facteur plutôt que de deux facteurs distincts. Ce concept peut s'appliquer à tout. En comprenant le principe de polarité, on peut passer d'un extrême à l'autre en identifiant ce qui est mesuré et en suivant la méthode de mesure.

Voici un moyen simple de comprendre l'application de ce principe. Considérez les actions à entreprendre pour réchauffer une pièce. Le besoin se fait sentir lorsqu'il s'agit de faire passer sa température de froide à chaude. Ce n'est pas le froid qui est mesuré ou modifié. Ce qui est ajusté, c'est la température. De même, tout peut être ajusté à son opposé polaire. Ce qu'il faut, c'est comprendre ce qui doit être ajusté et comment. Par conséquent, lorsque vous mesurez la joie, soit vous l'avez en abondance, soit vous l'avez en quantité négative, ce que nous appelons la tristesse ou la dépression. Pour vivre une vie où la joie est abondante, vous devez comprendre comment ajuster votre baromètre émotionnel de manière à ce que votre lecture de la joie augmente. Cela peut s'appliquer à tout ce que vous vivez dans la vie. Lorsque vous en tenez compte, cela devient un outil supplémentaire dans la boîte à outils que vous utilisez pour changer votre vie.

D'un point de vue différent, cela signifie également que si vous vous trouvez dans une situation qui ne vous convient pas, sachez que le contraire de cette situation existe. Vous devez trouver la méthode de mesure, puis entreprendre les changements nécessaires pour obtenir le contraire de la situation. L'une des méthodes utilisées pour créer des états opposés est l'utilisation d'affirmations. L'utilisation d'affirmations positives peut faire évoluer votre état d'esprit et votre environnement d'une situation négative à une situation positive. L'utilisation d'affirmations a pour but de supplanter l'évidence de votre environnement physique. En utilisant des phrases qui décrivent le contraire de la situation à laquelle vous êtes confronté, vous reconnaissez le fait que la situation dont vous parlez existe. Vous reconnaissez que chaque état a un opposé polaire et vous appelez l'autre état dans votre existence par le principe de correspondance. Vous parlez de l'état désiré comme s'il existait et, "comme en haut" dans votre déclaration affirmative, il commencera à se refléter "comme en bas" dans votre réalité vécue.

## LE PRINCIPE DE RYTHME

Tout circule, à l'intérieur comme à l'extérieur; tout a ses marées ; tout s'élève et se décline; l'oscillation du pendule se manifeste en tout ; la mesure de l'oscillation vers la droite est la mesure de l'oscillation vers la gauche ; le rythme compense (Atkinson, 1908).

Cela indique que les choses, telles que les événements et les circonstances, ont tendance à s'écouler dans une certaine direction. Cependant, au bout d'un certain temps, ils changent de direction et repartent dans la direction opposée. Par conséquent, si les circonstances ne sont pas alignées sur la direction que vous avez choisie, vous pouvez faire preuve de patience en vous préparant à un changement de circonstances. Les circonstances changeront, mais vous devrez vous préparer à ce moment-là afin de pouvoir en tirer profit.

Un exemple simple est celui d'un agriculteur qui souhaite planter des citrouilles. S'il le fait en plein hiver, ces graines ont peu de chances de pousser, et encore moins de donner une récolte. Cependant, il y a des choses qu'il peut faire pour se préparer à l'été, lorsque le temps sera propice à une récolte abondante de citrouilles. Il peut trouver les bonnes semences, préparer le sol et s'assurer que l'approvisionnement en eau est assuré. Il pourrait également commencer à planter des semis à l'intérieur afin d'avoir une longueur d'avance sur les autres agriculteurs de la région, ce qui lui permettrait de récolter et de vendre ses citrouilles plus tôt dans la saison, avant que le marché des citrouilles ne soit saturé. L'agriculteur connaîtra ainsi une grande réussite.

La réussite de l'agriculteur n'est pas le fruit du hasard. Il sera le fruit d'une observation attentive. Pour cela, il faut suivre les saisons et connaître les conditions optimales de croissance des citrouilles. Même en plein hiver, lorsque les conditions de croissance sont les plus mauvaises, il aura gardé la conviction que les saisons changeront. Il croit que le temps changera et qu'un jour, ce sera le milieu de l'été. Sa connaissance du changement des saisons et des cycles agricoles lui fait comprendre qu'au milieu de l'été, il sera trop tard pour planter ses citrouilles. Par conséquent, l'agriculteur se prépare et attend la saison hivernale jusqu'à ce que le temps soit optimal pour ses besoins.

Les surfeurs comprennent également ce concept. Ils sont prêts à nager jusqu'à la mer et à attendre la vague ultime qu'ils pourront ensuite surfer jusqu'au rivage. Ils ne surfent pas sur toutes les vagues, car certaines sont trop petites pour avoir un impact. Cependant, en se plaçant dans la bonne position et en attendant, ils vivent dans un état de croyance que la bonne vague arrivera. Lorsque la bonne vague arrive, le surfeur se met dans une position qui lui permet de profiter de la vague et de la remonter jusqu'au rivage.

Ce que nous en retenons, c'est que nous devrions nous aussi être comme les surfeurs ou le cultivateur de citrouilles. Nous devons nous positionner de manière à pouvoir profiter des changements de circonstances lorsqu'ils se produisent. Cela signifie que nous devons être préparés, observateurs et capables d'agir immédiatement lorsque l'occasion se présente. Si nous ne le faisons pas, nous risquons, en tant que surfeurs, de rater la grande vague et de devoir en prendre une plus petite pour atteindre le rivage. Si nous sommes agriculteurs, cela pourrait signifier que nous ne récoltons les citrouilles qu'une fois dans la saison au lieu de deux.

Une autre façon de voir les choses est de choisir de suivre la voie de la moindre résistance en étant observateur et en tirant parti du temps et de l'énergie dont vous disposez.

## LE PRINCIPE DE CAUSALITÉ

Toute cause a son effet ; tout effet a sa cause ; tout arrive selon la loi ; le hasard n'est qu'un nom pour la loi non reconnue ; il y a plusieurs plans de causalité, mais rien n'échappe à la loi (Atkinson, 1908).

Chaque action que nous entreprenons a une conséquence ; par conséquent, nous devons prendre les bonnes mesures si nous voulons obtenir les résultats que nous souhaitons. De même, nous devons être conscients des conséquences involontaires potentielles et essayer d'éviter de nous engager dans des actions qui pourraient les provoquer.

D'un point de vue scientifique, ce principe est inscrit dans la troisième loi physique de Newton, qui stipule que toute action a une réaction égale et opposée. Nous pouvons l'observer en physique lorsque nous voyons une balle de tennis rebondir contre un mur. Le mur ne cède pas et ne permet pas à la balle de le traverser. Au contraire, la balle rebondit sur le mur avec une vitesse et un impact identiques ou similaires à ceux avec lesquels elle s'est approchée du mur. Si l'on considère que toute matière est constituée d'énergie vibrante, on est alors invité à tenir compte de la conscience universelle dans cette équation.

La prise en compte de la conscience signifie que l'impact des forces opposées peut s'appliquer non seulement à nos actions, mais aussi à nos pensées et à nos émotions. Par conséquent, si vous détestez le football au point de le rejeter avec véhémence, vous risquez de le rencontrer plus souvent dans votre vie que si vous n'aviez aucune émotion à son égard. En effet, vos émotions sont comme si vous lanciez un ballon de football sur le mur de l'univers, et l'univers vous renverra ce que vous lui lancez. Vous recevrez donc plus de football.

De même, si vous souriez à des inconnus dans la rue, vous avez plus de chances qu'ils vous sourient en retour.

Vous recevez ce que vous donnez. Votre action, qui est la cause, reçoit son effet, qui est le résultat de l'action. Ce que vous recevez en retour est équivalent à ce que vous donnez.

Ce principe a été consacré dans diverses religions sous la forme de la loi des semailles et de la récolte, qui stipule que vous récolterez ce que vous avez semé, ou de la loi du karma, qui stipule que vos actions vous seront rendues. Certains textes affirment que vous récolterez par multiples, de la même manière qu'un agriculteur qui sème une graine de maïs récoltera plusieurs épis contenant quelques centaines de graines. Par conséquent, ces textes affirment que l'impact de vos actions est multiplié lorsqu'elles vous sont rendues.

Il s'agit d'un principe universel que nous ne devons pas ignorer si nous voulons que notre vie soit agréable. Nous devons être conscients de la possibilité de semer de mauvaises graines. Par conséquent, si nous nous trouvons engagés dans des pratiques dont nous ne voulons pas qu'elles aient un impact négatif sur nous à l'avenir, nous devons faire tout notre possible pour les aborder et les corriger afin de neutraliser l'impact potentiel d'un futur karma négatif.

Parfois, nous sommes surpris de récolter de bonnes graines de manière inattendue. Dans ces moments-là, nous devrions nous réjouir d'avoir semé, à un moment donné dans le passé, une bonne graine qui porte enfin ses fruits et est prête à être récoltée.

## LE PRINCIPE DU GENRE

Le genre est dans tout ; tout a ses principes masculin et féminin ; le genre se manifeste sur tous les plans (Atkinson, 1908).

La créativité naît de l'interaction entre les aspects masculins et féminins. Il s'agit de donner une graine et de recevoir une graine dans des circonstances qui lui permettent d'être nourrie pendant une période de gestation fructueuse. La graine que vous plantez peut être du temps, de l'argent ou votre effort physique. Cette graine doit être plantée dans un sol fertile et arrosée pour qu'elle porte ses fruits.

Imaginez que vous êtes un artiste et que vous avez une idée (une graine) que vous mettez ensuite sur une toile. En nourrissant cette toile par l'ajout de différentes couches et couleurs de votre palette de peinture, vous finirez par obtenir des résultats. Ces résultats prendront la forme d'une belle peinture qui sera appréciée par les autres.

Chaque personne possède en elle des traits masculins et féminins, qu'elle soit biologiquement mâle ou femelle. C'est l'activité entreprise par l'individu qui détermine si les traits affichés sont masculins ou féminins. Des traits tels que la créativité et la réceptivité ont tendance à être des traits féminins, tandis que la logique et le leadership sont des traits masculins. Ces traits fonctionnent mieux lorsqu'ils sont combinés. Ils se soutiennent mutuellement. La créativité a besoin d'être guidée, et le leadership a besoin de quelque chose pour diriger.

La capacité à manifester ces traits est évidente non seulement chez les personnes, mais aussi dans les événements et les objets. Par exemple, les événements qui débouchent sur de nouvelles orientations font preuve d'une énergie masculine, tandis que les événements qui nourrissent et développent les sociétés sont de nature féminine.

Il faut le reconnaître dans tous les aspects et sur tous les plans de l'existence. Une fois que vous comprenez le genre d'un événement, d'une organisation ou d'un objet, cela peut guider la façon dont vous interagissez avec lui. Le genre étant la base de la créativité et de la régénération, il est bénéfique d'appliquer la connaissance des genres au cours du processus de création. Cela signifie que, selon le genre auquel vous êtes confronté, vous pouvez choisir de diriger ou de nourrir l'événement. Cela permettra à la création de se produire.

Nos facultés mentales en tant qu'êtres humains sont également considérées comme ayant des traits à la fois masculins et féminins. Cela se traduit par l'existence d'un esprit conscient et d'un esprit subconscient. Alors que l'esprit conscient absorbe de nouvelles informations, l'esprit subconscient utilise les informations existantes pour s'engager dans les activités quotidiennes et prendre des décisions inconscientes. Pour créer de nouveaux résultats, le conscient et le subconscient doivent tous deux être sollicités. Le rôle du subconscient est de s'occuper des activités quotidiennes telles que la respiration et la digestion. Vous faites ces choses sans y penser. Le subconscient permet également à d'importants changements de se produire sans que vous en soyez conscient. Pour ce faire, le subconscient veille à ce que vous restiez cohérent dans les décisions que vous prenez quotidiennement, conformément à vos systèmes de croyances dominants. Selon *Le pouvoir du subconscient* de Joseph Murphy, vous pouvez choisir d'influencer votre subconscient en le nourrissant activement de nouvelles informations et croyances. Si vous faites cela de manière persistante pendant un certain temps, vous utiliserez effectivement les traits masculins de votre cerveau pour influencer les traits féminins. Vous créerez ainsi un nouveau paradigme et une nouvelle réalité pour vous-même.

D'un point de vue commercial, si vous êtes artiste, vous travaillerez mieux avec les énergies masculines qui peuvent vous orienter dans les directions qui peuvent mener à la croissance de votre œuvre d'art par l'augmentation des ventes pendant que vous vous concentrez sur votre créativité. Dans ce cas, la créativité est une énergie féminine qui a besoin d'une énergie masculine pour se développer. Si vous êtes un homme ou une femme d'affaires doté(e) d'une grande stratégie et d'une vision pour l'avenir, il se peut que vous vous rendiez compte que vous ne pouvez pas faire avancer cette stratégie sans inclure dans votre entreprise des personnes dotées d'une énergie et d'une vision créatives. Ces personnes prendront votre stratégie commerciale et utiliseront leur créativité pour lui donner vie en développant l'idée à partir d'une graine jusqu'à son plein potentiel.

Par conséquent, pour que le succès soit au rendez-vous,

les énergies masculine et féminine doivent être optimisées par une contribution équilibrée des deux côtés.

En observant les principes hermétiques, nous avons vu que la science pratiquée dans l'ancienne Kemet n'a pas été perdue pour l'humanité. Elle a été préservée à travers les âges et renforcée par les découvertes scientifiques qui ont eu lieu au cours du siècle dernier. En conséquence, l'humanité se rend compte qu'elle peut avoir un impact plus important sur son destin individuel que ce qu'elle croyait possible au départ. Tout ce que nous avons à faire, c'est de puiser dans la conscience universelle avec l'aide des sept lois hermétiques.

Pour vous aider à accéder à cette conscience, il serait bénéfique de prendre chaque jour le temps de réfléchir aux principes hermétiques et à leur signification. Une fois que vous les aurez mémorisés, commencez à réfléchir à la manière dont ces principes peuvent être appliqués dans votre vie. Prenez note de votre situation actuelle par rapport à celle que vous aimeriez créer. Identifiez les méthodes que vous pouvez utiliser pour obtenir les conséquences souhaitées. Notez ces méthodes et prenez chaque jour des mesures simples pour vous aider à les mettre en œuvre. Au fil du temps, comparez votre vie à ce qu'elle est aujourd'hui et déterminez quels changements sont survenus grâce à l'application de ces lois comme moyen d'atteindre vos souhaits.

TEFNUT

SHU

# L'ASTROLOGIE KÉMÉTIQUE ET UNE MEILLEURE COMPRÉHENSION DES TYPES DE PERSONNALITÉ QUI PEUPLENT CE MONDE

L'astrologie kémétique compte 12 signes astraux. Contrairement à l'astrologie occidentale, ils ne sont pas répartis consécutivement sur 12 parties de l'année. Au contraire, ils divisent l'année en 36 parties égales, appelées *décans*, qui divisent les 360 jours de l'année égyptienne. L'année comptait 120 jours pour chacune de ses trois saisons. Chaque saison comprenait quatre mois de 30 jours chacun. Un mois supplémentaire de cinq jours était ajouté chaque année pour tenir compte des jours supplémentaires de la révolution de la terre autour du soleil. Ces jours étaient utilisés comme jours de célébration et portaient à 365 le nombre de jours marqués par les anciens Égyptiens. Le calendrier représenté de manière circulaire a été vu pour la première fois sur le plafond d'un temple égyptien d'Hathor, dans ce qui est maintenant connu sous le nom de "zodiaque de Dendérah".

Ce calendrier de Dendérah utilisait l'astrologie sur la base de la loi hermétique des correspondances : "Ce qui est en haut est en bas". Il exposait ainsi la croyance kémétique selon laquelle les événements sur terre se reflètent dans les mouvements des corps célestes. L'application moderne de cette croyance se traduit par les signes astrologiques, que nous avons pris l'habitude de voir dans les journaux et les magazines. La pratique kémétique a ainsi traversé les âges grâce à son adoption par les Grecs, qui l'ont ensuite adaptée à un marché eurocentrique. L'habitude d'identifier la date de naissance d'une personne en fonction d'un signe astrologique est devenue une méthode populaire et acceptée pour aider à définir les archétypes de la personnalité. Cette méthode de définition des personnalités utilise des méthodes similaires à celles utilisées dans l'Égypte ancienne.

Les Égyptiens de l'Antiquité utilisaient également des observations astrologiques pour prédire correctement des événements majeurs, tels que la crue annuelle du Nil. Il s'agissait d'un événement important pour eux, car il précédait leur saison agricole et définissait les processus à suivre pour le reste de l'année. Par conséquent, le fait de savoir que la saison des inondations approchait leur donnait suffisamment de temps pour se préparer à planter. Après avoir utilisé avec succès la méthode astrologique dans l'agriculture, il était donc logique et scientifique d'utiliser des observations similaires pour prédire les événements de la vie des individus.

Le calendrier astrologique kémétique peut encore être

utilisé de nos jours. En identifiant la corrélation entre les dieux et déesses et leurs représentations dans les constellations à différents moments de l'année, nous pouvons prédire et interpréter les événements. Selon Cyril Fagan, membre de la Société Royale d'Astronomie d'Angleterre en 1798, l'astrologie kémétique a été le précurseur de l'astrologie moderne (Afrikaiswoke, 2021). L'astrologie moderne suit toujours l'attribution des signes astrologiques aux individus à la naissance. Cette attribution se fait en fonction de la constellation qui était dominante au moment de la naissance. D'un point de vue kémétique, ce sont les types de personnalité des dieux et des déesses indiqués à l'heure de la naissance qui sont importants. Ils révèlent les types de personnalité et les attentes que nous pouvons avoir à l'égard de l'individu ou de l'événement qui naît à ce moment-là.

Par ordre alphabétique, les signes stellaires kémétiques sont Amon Râ, Anubis, Bastet, Geb, Horus, Isis, Mout, Osiris, Sekhmet, Seth, le Nil ou Satis, et Thot.

## TROUVER SON SIGNE

Pour identifier le signe astrologique en vigueur au moment de votre naissance, utilisez le tableau ci-dessous. La première colonne indique une plage de jours. A partir de cette colonne, vous devez identifier les jours dans lesquels se situe votre anniversaire. Sur la même ligne, le tableau indique vos signes astrologiques en fonction de la plage de jours durant laquelle vous êtes né. La troisième et dernière colonne indique les signes compatibles avec votre signe.

Ainsi, en lisant la ligne, vous obtiendrez une indication de votre signe et des signes astraux avec lesquels il est compatible.

| Date de naissance | Signe | Compatibilité |
|---|---|---|
| Du 1er au 7 janvier | Le Nil ou Satis | Amon Râ, Seth |
| Du 8 au 21 janvier | Amon Râ | Le Nil/Satis, Horus |
| Du 22 au 31 janvier | Mout | Amon Râ, Thot |
| Du 1er au 11 février | Amon Râ | Le Nil/Satis, Heures |
| Du 12 au 29 février | Geb | Seth, Horus |
| Du 1er au 10 mars | Osiris | Isis, Thot |
| Du 11 au 31 mars | Isis | Thot, Osiris |
| Du 1er au 19 avril | Thot | Bastet, Isis |
| 20 avril-7 mai | Horus | Bastet, Geb |
| Du 8 au 27 mai | Anubis | Bastet, Isis |
| Du 28 mai au 18 juin | Seth | Geb, Le Nil/Satis |
| Du 19 au 28 juin | Le Nil ou Satis | Amon Râ/Set |
| Du 29 juin au 13 juillet | Anubis | Bastet, Isis |
| Du 14 au 28 juillet | Bastet | Sekhmet, Horus |
| Du 29 juillet au 11 août | Sekhmet | Bastet, Geb |
| Du 12 au 19 août | Horus | Bastet, Geb |
| Du 20 au 31 août | Geb | Seth, Horus |

*Figure 1*

| Du 1er au 7 septembre | Le Nil ou Satis | Amon Râ, Set |
|---|---|---|
| Du 8 au 22 septembre | Mout | Amon Râ Thot |
| Du 23 au 27 septembre | Bastet | Sekhmet, Horus |
| Du 28 septembre au 2 octobre | Seth | Geb, Le Nil/Satis |
| Du 3 au 17 octobre | Bastet | Sekhmet, Horus |
| Du 18 au 29 octobre | Isis | Thot, Osiris |
| Du 30 octobre au 7 novembre | Sekhmet | Bastet, Geb |
| Du 8 au 17 novembre | Thot | Bastet, Isis |
| Du 18 au 26 novembre | Le Nil ou Satis | Amon Râ, Set |
| Du 27 novembre au 18 décembre | Osiris | Isis, Thot |
| Du 19 au 31 décembre | Isis | Thot, Osiris |

*Figure 1 (Suite)*

# TYPES DE PERSONNALITÉ ASTROLOGIQUE

LE TYPE de personnalité associé à chaque signe est le reflet de l'élément, du dieu ou de la déesse qu'il représente. Nous examinerons ici chaque signe en identifiant les corps célestes qui l'influencent ainsi que les traits de personnalité qu'il présente. L'identification des corps célestes est importante car les traits de personnalité individuels sont plus prononcés lorsque ces corps célestes sont situés dans certaine constellation du ciel. De la même manière que l'astrologie occidentale peut prendre note des effets des configurations planétaires, comme par exemple l'impact de Mars en Bélier sur la vie des personnes de signe du Bélier, l'astrologie kémétique peut elle aussi prendre conscience de ces effets.

Pour bénéficier des connaissances qui sont à votre disposition en ces temps modernes, vous devez d'abord comprendre comment les signes astrologiques modernes correspondent aux signes astrologiques kémétiques. Lorsque vous consultez les pages et les sites Web consacrés à l'astrologie, vous pouvez rechercher des informations qui vous indiquent dans quel signe stellaire se trouve actuellement une certaine planète ou un certain corps céleste. En comprenant sous quel signe astrologique vous êtes né, en conjonction avec les planètes qui influencent ces signes, vous pouvez réagir différemment aux situations. Vous pouvez planifier vos événements importants pour les moments où les planètes qui soutiennent votre signe astrologique sont actives dans le ciel nocturne. Vous pouvez également mieux comprendre votre personnalité et la façon dont vous vous engagez avec les autres.

En prenant l'habitude de lire les informations relatives à la constellation dans laquelle se trouvent certaines planètes à un moment donné, vous découvrirez que les signes astrologiques occidentaux actuellement nommés ne correspondent pas toujours à toutes les périodes où leurs constellations sont dominantes dans le ciel. La manière dont l'astrologie kémétique répète les signes astrologiques à différents intervalles tout au long de l'année est un meilleur indicateur des activités qui se déroulent dans le ciel nocturne qu'un regroupement astrologique simplifié qui couvre vaguement un mois à la fois. La section ci-dessous donne un aperçu de la correspondance entre les signes astrologiques occidentaux et les signes astrologiques kémétiques. Ensuite, une section examinera les planètes bienveillantes pour chaque signe astrologique et comment elles influencent les types de personnalité des personnes ou des événements nés sous ces signes astrologiques. Veuillez noter que les correspondances ci-dessous ne sont pas liées à votre date d'anniversaire et au signe qui lui est associé, mais doivent être utilisées pour interpréter des déclarations telles que "Vénus est en Sagittaire" dans votre propre vie. Si le Sagittaire est Hapi, alors si vous êtes né sous le signe kémétique de Hapi, cela aura un impact sur vous. Toutefois, le fait d'être du signe astrologique du Sagittaire ne signifie pas que l'on est né sous le signe de Hapi. Il est conseillé d'utiliser plutôt le tableau de la section précédente si vous voulez savoir de quel signe astrologique kémétique vous relevez. Les plages de dates pour chaque signe correspondent à quelques semaines dans différents moments de l'année ; vous devez donc faire correspondre votre date de naissance à votre signe astrologique spécifique si vous voulez tirer le meilleur parti des informations fournies.

## CORRESPONDANCE ENTRE LES NOMS DE CONSTELLATIONS

- Si Verseau est la constellation dominante, le signe astrologique kémétique relatif est Sekhmet.
- Si Bélier est la constellation dominante, le signe astrologique kémétique relatif est Osiris ou Ausar.

- Si Cancer est la constellation dominante, le signe astrologique kémétique relatif est Bastet.
- Si Capricorne est la constellation dominante, le signe astrologique kémétique relatif est Horus.
- Si Gémeaux est la constellation dominante, le signe astrologique kémétique relatif est Seth ou Set.
- Si Lion est la constellation dominante, le signe astrologique kémétique relatif est Anubis.
- Si Balance est la constellation dominante, le signe astrologique kémétique relatif est Geb.
- Si Poisson est la constellation dominante, le signe astrologique kémétique relatif est Isis ou Auset.
- Si Sagittaire est la constellation dominante, le signe astrologique kémétique relatif est Hapi.
- Si Scorpion est la constellation dominante, le signe astrologique kémétique relatif est Mut.
- Si Taureau est la constellation dominante, le signe astrologique kémétique relatif est Amon Râ.
- Si Vierge est la constellation dominante, le signe astrologique kémétique relatif est Thot ou Djehouti.

# LES PLANÈTES BIENVEILLANTES ET LEURS TYPES DE PERSONNALITÉ

Voici les types de personnalité de chaque signe astrologique :

- Amon Râ est influencé par le soleil et Saturne. Les personnes nées sous ce signe sont de grands leaders qui prennent des décisions judicieuses. Ils ont une approche optimiste de la vie et sont de nature confiante et polie.
- Anubis est influencé par Mercure. Anubis étant le gardien du monde souterrain, il n'est pas surprenant que les personnes nées sous ce signe aient une personnalité introvertie. Elles ont un côté créatif qu'elles ont tendance à exprimer de manière confiante et exploratrice.
- Bastet est influencé par le soleil et la lune. Charmantes et affectueuses, les personnes de signe Bastet ont tendance à éviter les conflits en raison de leur personnalité sensible. Elles se fient à leur intuition pour les guider. Elles sont profondément loyales et dévouées à leur partenaire.
- Geb est le dieu de la terre; par conséquent, les personnes nées sous ce signe sont influencées par la terre. Les personnes nées sous ce signe sont des amis fidèles et fiables. Elles peuvent être perçues comme trop émotives et sensibles;

cependant, leur nature ouverte les rend attirantes pour les autres. Elles peuvent sembler timides aux yeux de ceux qui ne sont pas proches d'elles.

- Horus est influencé par la lune et le soleil. Les personnes nées sous ce signe sont des leaders inspirés, à la fois travailleurs et motivés. Leur courage et leur optimisme sont contagieux et leurs exemples ambitieux sont faciles à suivre.

- Isis (Aset) est la déesse de la nature. Son signe est influencé par la Lune, la Terre et Uranus. Ces personnes travaillent bien au sein d'une équipe en raison de leur nature directe et sociable. Elles sont honnêtes, ont le sens de l'humour et sont romantiques.

- Le mois de mai est influencé par le soleil. Les personnes nées sous ce signe font d'excellents parents en raison de leur nature protectrice et affectueuse. Elles font de bons leaders car elles sont orientées vers les objectifs et concentrées, tout en étant généreuses et loyales.

- Osiris (Asar) est influencé par Pluton et le soleil. Les personnes nées sous ce signe sont très déterminées. Ces personnes peuvent parfois être perçues comme agressives et égoïstes. Cependant, leur approche persistante et indépendante de la vie fait d'elles de bons leaders qui sont souvent appréciés pour leur intelligence et leur vulnérabilité.

- Sekhmet est influencé par le soleil. Les personnes nées sous ce signe sont considérées comme ayant une double personnalité, car leur nature oscille entre l'esprit libre et la discipline extrême. Ces personnes ont un sens profond de la justice et, si on leur demande de l'inculquer, elles le feront avec précision.

- Seth (Set) est influencé par Mars. Les personnes de ce signe sont des perfectionnistes qui aiment être au centre de l'attention. Leur personnalité audacieuse les pousse à relever des défis qui leur permettent de briller davantage.

- Le Nil (Satis) est influencé par la lune et Uranus. Les personnes nées sous ce signe astrologique sont considérées comme intuitives grâce à leur grand sens de l'observation. C'est un signe pacifique qui évite les disputes. Les personnes nées sous le signe du Nil font preuve d'une grande sagesse grâce à leur capacité à faire preuve de logique.

- Thot est influencé par la Lune et Mercure. Comme le dieu qui inspire le signe astrologique, les personnes nées sous ce signe sont sages et aiment apprendre. Cherchant constamment à s'améliorer, ces personnes ont tendance à être courageuses, énergiques et inventives. Thot est considéré comme un signe très romantique. En connaissant votre signe astrologique et les signes avec lesquels il est compatible, il vous sera plus facile de prendre des décisions sur la manière de vous engager avec différentes personnes. Cela vous aidera à mieux les comprendre et à savoir quels traits de personnalité exploiter dans vos relations professionnelles et personnelles.

Vous pouvez utiliser ces informations pour vous aider à choisir les meilleures dates pour effectuer certaines activités. Il est conseillé de choisir autant que possible des jours compatibles avec vos signes astraux. Si vous n'êtes pas en mesure de choisir la date d'un événement, vous pouvez toujours tirer le meilleur parti de votre expérience de l'événement. En examinant la date et le signe astrologique associé à l'événement, vous pouvez comprendre le type d'événement et la meilleure façon de l'aborder.

ASAR

# LE RÉGIME KÉMÉTIQUE ET COMMENT IL PEUT DYNAMISER VOTRE CONNEXION SPIRITUELLE

"On est ce que l'on mange." La vérité de cet adage peut être prouvée en observant les personnes qui nous entourent. Nous verrons en eux non seulement les preuves physiques des aliments qu'ils consomment, mais aussi les impacts émotionnels et psychologiques de ces aliments.

Un autre adage populaire, "Que ta nourriture soit ton médicament", reflète la vie que nous devrions nous efforcer de mener. Il reflète également la vie que menaient la plupart des initiés dans l'ancienne Kemet, alors qu'ils vaquaient à leurs occupations quotidiennes, en s'alignant sur les lois de Maât et en tirant leur subsistance de l'environnement.

Ils étaient avantagés par rapport à nous aujourd'hui, car leur environnement leur permettait d'avoir une alimentation saine et équilibrée qui les soutenait et les nourrissait. Les aliments qu'ils consommaient n'étaient pas transformés et se présentaient sous leur forme la plus naturelle. Cela leur permettait de recevoir le maximum d'énergie divine de leur nourriture.

La terre reçoit de l'énergie du soleil (Râ). Les plantes absorbent cette énergie solaire par le processus de photosynthèse et la transforment en nourriture. Lorsque les animaux mangent des plantes, ils absorbent l'énergie solaire des plantes elles-mêmes. En mangeant des animaux, l'homme tente de tirer de l'énergie d'une source qui se trouve à trois étapes du fournisseur d'énergie de la terre. La digestion de ces aliments nous oblige à utiliser plus d'énergie pour accéder à l'approvisionnement limité fourni par ces sources animales. Au fil du temps, nous avons également développé des maladies liées à la transformation de ces aliments. La cause de ces maladies est que notre corps n'a pas été conçu à l'origine pour digérer ces aliments. Certains de ces aliments sont toxiques pour nous, tandis que d'autres restent si longtemps dans notre tube digestif qu'ils deviennent rances et commencent à pourrir à l'intérieur de notre corps tandis que nos intestins tentent d'en expulser les restes. L'absence de fibres digestives dans les aliments transformés que nous consommons rend cette tâche difficile pour notre organisme. Au fil du temps, les résidus s'accumulent dans notre tube digestif et provoquent des maladies. Le lien entre le cerveau et le gros intestin étant formé par le nerf vague, les maladies de l'intestin ont un impact direct sur les émotions, la santé mentale et la vitalité. Les microbes produits dans l'intestin ont un impact direct sur le système immunitaire par le biais de leur impact inflammatoire.

. . .

## LE RÉGIME *alimentaire urbain moderne (ou occidental standard) et ses pièges*

Notre alimentation moderne s'éloigne de plus en plus de la nature. En matière de boisson, beaucoup d'entre nous ont tendance à consommer de grandes quantités de boissons alcoolisées. Nous consommons également des boissons à forte teneur en caféine, ainsi que des boissons gazeuses édulcorées avec des édulcorants artificiels ou transformés. La consommation d'eau pure est souvent inexistante. Tout cela conduit à un corps très acide et à une composition gastro-intestinale vulnérable aux maladies. Parmi les effets d'un excès d'acide dans le système digestif, citons les maux de tête, la dépression, l'acné, les cheveux et les ongles cassants, les calculs rénaux et la réduction de la masse musculaire. Bien sûr, certains d'entre nous font preuve d'une volonté et d'une attention incroyables à l'égard de leur consommation alimentaire. Toutefois, nous devons rester conscients et vigilants face à tout produit potentiellement dangereux que nous pourrions rencontrer.

Au quotidien, beaucoup d'entre nous ont tendance à consommer des fast-foods. Ceux-ci sont souvent riches en glucides transformés et en viande. Les sources de viande ont souvent été nourries de force avec des aliments tels que le soja pour les faire grossir. Pour renforcer ce processus, les animaux sont nourris ou reçoivent des injections d'hormones de croissance. Cela se produit dans des environnements surpeuplés, ce qui entraîne la propagation de

maladies parmi le bétail. En conséquence, on leur admi-
nistre des antibiotiques qui se retrouvent dans le corps
humain lorsque la viande est consommée. Les antibiotiques
présents dans notre circulation sanguine en provenance de
ces animaux entraînent une résistance aux antibiotiques au
fil du temps. Par conséquent, lorsque certaines personnes
tombent malades, elles ne peuvent pas être traitées facilement avec des antibiotiques ordinaires, ce qui les rend plus
sensibles aux maladies et nécessite des niveaux toxiques de
produits chimiques et d'anticorps pour combattre la maladie. La présence d'antibiotiques dans le tube digestif a en
outre pour effet de tuer tous les microbes bénéfiques qui y
vivent pour faciliter le processus de digestion et équilibrer
la flore intestinale. Cela rend les personnes vulnérables à la
croissance excessive de bactéries intestinales nocives et à la
prévalence de maladies fongiques causées par des orga-
nismes tels que le Candida.

La restauration rapide n'est pas souvent accompagnée
de légumes ou de salades. Le manque de légumes, combiné
à la nature transformée des glucides contenus dans les
aliments, rend difficile le passage des aliments dans le
système digestif. Les aliments sont souvent pauvres en
éléments nutritifs, ce qui oblige l'organisme à faire plus d'efforts pour absorber la teneur nutritive des aliments. Au fil
du temps, ce type d'alimentation entraîne des maladies qui
prennent naissance dans le tractus gastro-intestinal et se
propagent à d'autres parties du corps par l'intermédiaire du
nerf vague.

La présence d'aliments non digérés et en fermentation

dans l'organisme entraîne un sentiment de léthargie et de dépression, ce qui se traduit par une augmentation des problèmes de santé mentale chez les personnes qui suivent ce type de régime.

## L'ALIMENTATION DANS L'ANCIENNE KEMET

Quels étaient donc les aliments consommés dans l'Égypte ancienne ? Tous les aliments consommés faisaient-ils partie de ce que nous appelons aujourd'hui le régime kémétique ? Si ce n'est pas le cas, qu'est-ce qui était inclus dans ce régime ? Et quels sont les aliments que nous consommons et que nous devrions chercher à minimiser ou à éliminer de notre alimentation afin d'atteindre une santé optimale et de nous aligner sur le divin qui est en nous ?

### Les Initiés spirituels

Dans l'Égypte ancienne, les citoyens jouaient différents rôles dans la société. Les prêtres et prêtresses des temples s'efforçaient continuellement de vivre dans la forme la plus pure d'alignement sur Maât et sur le divin. Ils étaient sur la voie spirituelle. C'est pourquoi leur régime alimentaire était purement végétalien, avec une alimentation crue qui constituait une grande partie de leur plan d'alimentation. Ils évitaient les céréales telles que le blé et le maïs. Pour eux, même les légumineuses telles que les lentilles et les haricots étaient considérées comme des amidons ; les initiés du temple ne les consommaient donc pas. Ils cherchaient plutôt à manger des aliments aussi verts que possible, ce qui leur permettait d'absorber toute l'intensité de l'énergie solaire piégée par la photosynthèse. En fait, leur intention en choisissant leur nourriture était d'être aussi verts qu'Asar. Asar était un dieu de couleur verte qui incarnait Râ. Ils pensaient qu'en mangeant des aliments verts, ils pouvaient pratiquer la théurgie en imitant Asar. Ce mode d'alimentation leur permettait de vivre dans un état de conscience vibratoire élevé, sans être alourdis par l'impact de la digestion des produits animaux.

Si vous lisez ce livre parce que vous êtes sur un chemin spirituel, vous pouvez vous aussi bénéficier de l'alimentation des prêtres et prêtresses des temples. Cela vous permettra de vivre en équilibre avec la nature. Toutefois, il n'est pas conseillé de passer immédiatement d'un régime urbain moderne au régime kémétique suivi par les initiés. Afin d'éviter que votre corps ne ressente des symptômes de manque et de détresse, il est préférable de modifier progressivement votre alimentation jusqu'à ce que vous atteigniez votre objectif. Nous verrons comment procéder une fois que nous aurons examiné les aliments consommés par la population de l'Égypte ancienne. Vous devez toujours être responsable de votre alimentation et de votre bien-être.

### La POPULATION *générale*

Les citoyens ordinaires de Kemet suivaient principalement un régime pescatarien ou flexitarien. La viande rouge et la volaille étaient incluses dans leur régime en petites quantités, tout comme l'alcool. La base de l'alimentation de Kemet était le pain. Il complétait un régime principalement végétarien composé de légumes secs, de légumes et de fruits. Ces aliments étaient consommés crus et la coutume de manger les légumes crus a perduré jusqu'à aujourd'hui.

La viande était consommée, mais pas dans les grandes quantités quotidiennes de notre régime alimentaire moderne. La viande de bœuf était préparée en ragoût ou séchée après avoir été salée à des fins de conservation. Le mouton, la chèvre et, très rarement, le porc étaient moins consommés que la viande de bœuf. L'analyse des restes retrouvés dans les momies montre que les animaux sauvages comme les gazelles, les hyènes et même les souris faisaient également partie de leur régime alimentaire.

La volaille, telle que les cailles, les oies, les canards, les perdrix, les grues, les pigeons, les colombes, les flamants, les pélicans et les poulets, était préparée à la broche ou par conservation grâce à l'utilisation du sel et de la déshydratation.

Le poisson était l'élément non végétarien le plus régulier du régime. Il était consommé après avoir été rôti. Il était également consommé sous forme de conserve, c'est-à-dire salé et séché.

Les produits d'origine animale, tels que les œufs, le lait et le fromage de vache et de chèvre, étaient consommés. Le miel était utilisé comme édulcorant alimentaire au lieu des édulcorants artificiels et raffinés que nous utilisons aujourd'hui.

L'alcool était consommé sous forme de bière et de vin.

Les légumes qu'ils consommaient avaient une forte teneur en légumineuses, les lentilles et autres légumes secs constituant une part importante de leur régime alimentaire.

L'examen de la sépulture du roi Toutânkhamon révèle le large éventail d'aliments végétariens qu'il a emportés avec lui dans l'au-delà et, par conséquent, la nourriture qu'il a consommée de son vivant. Ces aliments comprenaient des amandes, des figues, des grenades, des dattes, de l'ail, du fenugrec, des graines de coriandre, des pois chiches, des pastèques, des lentilles et du blé emmer.

## GUIDE DIÉTÉTIQUE POUR LES KÉMÉTIQUES DES TEMPS MODERNES

Le régime Kémétique proposé ici est celui que suivaient les prêtres et les prêtresses de l'ancienne Kemet. Il s'agit d'un régime végétarien cru qui se compose principalement de fruits et de légumes et exclut la consommation de viande, comme le poisson, la volaille ou le bétail.

### *Pourquoi le régime Kémétique ?*

Les sages de l'ancienne Kemet reconnaissaient que la santé physique et la santé spirituelle étaient intimement liées. Suivre le régime alimentaire kémétique peut contribuer à une vie plus longue, plus saine et plus agréable. Vous pourriez éviter de passer vos dernières années à entrer et sortir de l'hôpital, en raison des effets cumulatifs qu'une mauvaise alimentation pourrait avoir sur votre santé. Parmi ces effets, citons le diabète, l'hypertension artérielle et le cancer. Au contraire, le régime kémétique vous permet de consommer des aliments qui vous permettent de vivre dans la Maât et qui favorisent votre cheminement spirituel.

En outre, le régime kémétique réduit la quantité d'acides pathogènes dans votre corps. Votre corps fonctionne mieux lorsqu'il maintient un niveau légèrement alcalin de 7,4 sur l'échelle du pH (Adams, n.d.). La consommation de fruits et de légumes en grandes quantités peut contribuer à stabiliser le pH de votre corps, à maintenir l'oxygénation de votre sang et donc à vous rendre moins sensible aux maladies. Un régime alcalin comprend également l'ajout de noix, de graines, de légumineuses et de tisanes.

## LES AVANTAGES

Le régime Kémétique élimine la source de la plupart des allergies alimentaires, ce qui nous permet d'absorber notre énergie à partir de sources alimentaires qui ont immédiatement récolté l'énergie de Râ. Il s'ensuit donc que la poursuite d'un régime kémétique se traduit par des niveaux d'énergie plus élevés et une incidence réduite des maladies. Consommer la forme la plus pure de nutrition vous permet de vivre en alignement avec le divin en étant aussi vert qu'Asar.

L'adoption d'un régime kémétique à base de plantes réduit la probabilité de développer des maladies telles que l'hypertension, l'hypercholestérolémie, le cancer et l'obésité. En outre, un régime à base de plantes renforce le système immunitaire, offrant une protection contre les maladies saisonnières telles que le rhume et la grippe. Il augmente les niveaux d'énergie dans le corps et réduit la probabilité de dépression, de stress et de troubles mentaux associés.

## *Ce qu'il faut manger*

Essayez de manger des fruits et des légumes frais autant que vous le pouvez. Outre leur valeur nutritionnelle, ils ajoutent des fibres à l'alimentation, ce qui favorise le bon fonctionnement du système digestif. Si possible, mangez les fruits et légumes crus. Cependant, ne les mangez pas en même temps. Mangez plutôt les fruits environ 30 minutes avant de manger les légumes. Si vous ne pouvez pas manger les légumes crus et qu'ils doivent être cuits, essayez de ne pas trop les cuire. Dans le cas des légumes verts, comme le chou et les épinards, faites-les griller ou cuisez-les à la vapeur. De cette manière, leur qualité naturelle sera préservée autant que possible. Pour créer un lien entre votre corps et les fruits et légumes que vous consommez, essayez de manger uniquement des aliments de saison. Manger des aliments hors saison implique que les aliments soient transportés sur de longues distances depuis d'autres régions que celle où vous vous trouvez. Ces aliments ne correspondent pas aux rythmes de votre corps car ils ont été cultivés dans une autre région. Par conséquent, ils peuvent causer un stress interne à votre organisme.

De la même manière qu'il convient de respecter un délai de 30 minutes entre la consommation de fruits et de légumes, vous devez veiller, dans le cadre de votre régime, à ne pas consommer plus de trois types d'aliments différents à la fois. Cela permet de réduire la pression exercée sur le tube digestif.

Si vous disposez des installations nécessaires, vous pouvez cuire vos aliments au soleil. Il s'agit de la forme de cuisson la plus saine, car elle exploite davantage l'énergie du soleil pour l'absorber dans votre corps.

Buvez autant d'eau que nécessaire pour votre corps afin d'éviter la sensation de soif. Il est conseillé d'ajouter une tranche de citron ou de citron vert à l'eau, car cela vous aidera à neutraliser l'acidité qui pourrait être présente dans votre corps. C'est excellent pour votre santé en général. Si vous choisissez de consommer des jus de fruits, évitez ceux qui sont gazeux ou qui contiennent beaucoup de sucre. Préférez l'eau de coco, les jus de fruits purs et les tisanes. Après avoir bu vos liquides, essayez d'attendre une heure avant de manger. Il est préférable de ne pas manger et boire en même temps.

Essayez de vous habituer à la pratique du jus de fruits. Vous pouvez préparer un jus vert en utilisant des légumes à feuilles vertes et des concombres. Ajoutez-y des fruits de couleur orange ou rouge pour plus de saveur. Les pommes sont également un excellent complément à votre jus. Essayez de consommer le jus le plus près possible du moment où vous l'avez pressé.

En guise de collation, pensez à manger des fruits à

coque tels que les amandes crues, qui sont riches en nutriments. Elles regorgent de calcium, de magnésium, de
protéines et de vitamine E. Pour consommer des amandes,
faites-les tremper toute une nuit dans de l'eau. Cela
permettra à votre corps d'absorber plus facilement les bienfaits naturels des amandes. Lorsque vous mangez des noix,
essayez d'éviter de les manger en même temps que des
aliments humides, tels que des fruits frais. Toutefois, ils
peuvent être consommés avec des fruits secs, car ils ont une
teneur en eau similaire et nécessitent le même effort de
digestion. Vous pouvez également inclure des graines, telles
que les graines de citrouille et les graines de tournesol, en
tant qu'en-cas supplémentaires.

## *Céréales, légumineuses et racines*

Les féculents sont inclus dans le régime kémétique sous
la forme de racines, de légumineuses et de céréales. Ils sont
considérés comme un élément de base du repas, mais ne
doivent pas être consommés en grandes quantités. Ils
doivent être équilibrés par des légumes verts, en particulier
ceux qui contiennent l'énergie directe du soleil.

Le meilleur régime alimentaire pour votre corps est
celui qui se compose uniquement de fruits et de légumes,
avec une grande importance accordée aux aliments crus.
Cependant, essayer d'appliquer immédiatement un régime
alimentaire à base d'aliments crus après avoir consommé
une alimentation moderne pendant toute votre vie peut être
préjudiciable à votre corps. Celui-ci se sera habitué aux

enzymes et aux minéraux qu'il tire de ces aliments, et un changement soudain pourrait entraîner des symptômes de sevrage. S'il n'est pas géré correctement, un changement brutal de régime vers le végétalisme peut entraîner une incapacité à maintenir sa détermination. Revenir à ses anciennes habitudes peut favoriser la tendance à consommer plus de substances addictives qu'auparavant, comme la viande et le sucre.

## Un régime *lucide*

Une transition réussie vous amènera à suivre ce que l'on appelle un régime lucide. Ce régime se compose de graines germées, de noix, de fruits, de légumes et de légumineuses. Un régime lucide favorise la clarté d'esprit et l'augmentation de la volonté, et vous procure un sentiment général d'harmonie.

Pour réussir votre transition, essayez de réduire les aliments qui vous sont moins bénéfiques. Supprimez les aliments nocifs et remplacez-les par des aliments sains qui permettront à votre organisme de se sevrer des substances auxquelles il s'est habitué. En réduisant votre consommation d'aliments, vous pourrez passer au végétalisme intégral et à une alimentation crue une fois que votre corps se sera adapté.

Essayez d'éviter les aliments raffinés, car ils sont dépourvus de la plupart de leurs bienfaits naturels. Essayez plutôt d'utiliser des aliments non raffinés et à base de céréales complètes en ce qui concerne les amidons. Remplacez les sucres raffinés par des édulco-rants naturels tels que le miel, la stévia et l'agave. Au lieu de consommer des fruits et des légumes transformés en boîtes de conserve, essayez de consommer autant que possible des fruits et des légumes frais. Si vous choisissez de manger des fruits secs, essayez d'éviter ceux qui contiennent du sucre ajouté lors du processus de conservation.

Vous pouvez envisager de ne pas consommer de produits laitiers. La plupart des gens ne sont pas physique-ment capables de digérer les produits laitiers. C'est la raison pour laquelle les réactions allergiques au lait et aux produits laitiers sont si fréquentes. Outre les réactions allergiques, le lait a un impact négatif à long terme sur l'organisme. On a dit qu'il augmentait la probabilité de développer des mala-dies telles que l'ostéoporose, le cancer et le diabète insulino-dépendant (Ashby, 2002).

Si vous devez trouver un substitut au lait dans votre régime alimentaire et vos recettes, utilisez l'un des substituts de lait d'origine végétale disponibles sur le marché. Il s'agit notamment du lait de coco, du lait d'amande et du lait d'avoine.

Vous pouvez envisager de supprimer le blé de votre alimentation. Comme le lait, le blé ordinaire provoque une réaction allergique chez la plupart des gens en raison d'une incapacité génétique à le digérer. Un nez bouché, des muco-sités et une inflammation sont des réactions courantes à la réintroduction du blé dans l'organisme. Si vous tenez à consommer des produits de boulangerie, envisagez de trouver des alternatives au blé comme la farine de noix de coco, la farine d'amande et d'autres options plus saines.

Envisagez de réduire ou d'éliminer la viande de votre alimentation. Il peut être bénéfique pour vous de suivre un plan d'alimentation pescatarien ou flexitarien. Toutefois, n'oubliez pas de remplacer le lait et les produits laitiers par des produits d'origine végétale.

Dans l'ensemble, essayez d'éviter les aliments qui étaient considérés comme des aliments ennuyeux par les anciens Kémétiques parce qu'ils provoquaient des comportements agressifs, des maladies et des pensées négatives. Il s'agit notamment des aliments fermentés et trop mûrs, des aliments transformés et de l'alcool. On dit que ces aliments entraînent l'abrutissement de l'esprit, la colère, la cupidité et la haine. Les personnes qui consomment ces aliments perdent leur capacité à raisonner. La consommation de tabac est également considérée comme contribuant aux conséquences négatives susmentionnées.

Il est également conseillé d'éviter les aliments qui ont été décrits comme excitants. Il s'agit d'aliments tels que la viande, le café et les aliments épicés ou acides. Ces aliments sont considérés comme des sources d'agitation et de manque de concentration, car ils vous rendent facilement distraits.

## LE JEÛNE

Les habitants de Kemet jeûnaient pendant trois jours consécutifs chaque mois. Le but du jeûne était de prévenir l'apparition de maladies sous la forme d'*Ukhedu - la* source de la maladie qui existe dans les intestins. Celle-ci est provoquée par l'accumulation de nourriture dans les intestins, qui doit être éliminée par le jeûne. C'est pourquoi les Égyptiens accompagnaient généralement leur période de jeûne d'un lavement afin de nettoyer davantage les intestins.

Le jeûne permet à l'organisme de se débarrasser des toxines et réduit la pression sur le système digestif. L'énergie qui aurait été utilisée pour digérer les aliments est rendue disponible pour des activités mentales et spirituelles, telles que la méditation et la prière. Pendant le jeûne, l'organisme consacre de l'énergie à la réparation des cellules endommagées. Pendant cette période, l'inflammation à l'origine de maladies est réduite et le corps brûle les graisses excédentaires. Les effets positifs à long terme du jeûne comprennent des changements hormonaux qui ont un impact sur l'expression des gènes. Les effets épigénétiques des changements dans l'expression des gènes seront bénéfiques pour vous et les générations futures.

Afin de poursuivre le jeûne total de trois jours qui était pratiqué dans l'ancienne Kemet, il existe trois différents types de méthodes de jeûne qui sont populaires dans les temps modernes et que vous pouvez utiliser pour vous y préparer.

L'une de ces méthodes est le jeûne intermittent. Il s'agit d'une méthode qui consiste à ne manger régulièrement que pendant une certaine période de temps au cours d'une période de 24 heures. Cette fenêtre de temps peut s'étendre sur cinq à huit heures de la journée. Si vous souhaitez pratiquer le jeûne intermittent, vous pouvez commencer par prendre un petit-déjeuner tardif ou sauter le petit-déjeuner et déjeuner tôt. Vous pouvez ensuite dîner tôt, ce qui vous permet d'entrer dans votre fenêtre de jeûne au cours de la soirée jusqu'au milieu de la matinée du jour suivant. Pendant la période de jeûne, vous pouvez consommer des boissons telles que de l'eau, des tisanes et des jus naturels. Évitez de consommer de l'alcool et des boissons contenant de la caféine.

Une autre méthode consiste à supprimer totalement la viande du régime alimentaire et à ne manger que des légumes. Il s'agit d'une bonne méthode à suivre si vous devez vous sevrer de la viande dans le cadre de l'adoption d'un régime Kémétique. Si vous êtes déjà végétarien, envisagez d'adopter un régime exclusivement composé de fruits. C'est un moyen utile de nettoyer votre corps.

Si vous vous rapprochez de l'objectif kemétique de jeûner trois jours par mois, vous pouvez commencer par jeûner quelques heures par jour avant de passer au jeûne intermittent. Une fois que votre corps s'est habitué au concept de ne manger que pendant une courte période de temps, vous pouvez intensifier la période de temps jusqu'à un jour de jeûne par mois. Une fois que vous vous serez habitué, vous pourrez jeûner un jour par semaine. Avec le temps, vous pouvez augmenter la durée du jeûne jusqu'à trois jours consécutifs par mois, comme dans l'ancienne Kemet.

Pendant la période de jeûne, boire des liquides permet d'éliminer les toxines de l'organisme. Les liquides consommés peuvent être de l'eau, des jus de fruits à coque, des tisanes et des jus fraîchement pressés à base de fruits et de légumes. Les ingrédients peuvent être des épinards, du chou-fleur, du chou, de la laitue, des carottes, des oranges, des pommes, des concombres et d'autres fruits et légumes qui peuvent être consommés à l'état brut.

Essayez de vous abstenir de faire un jeûne à l'eau uniquement jusqu'à ce que vous vous soyez engagé dans des activités de jeûne régulières pendant une période d'un à deux ans. À ce moment-là, votre corps aura été nettoyé des toxines *Ukhedu* accumulées pendant des années dans votre système, ce qui vous donnera la capacité de supporter un tel jeûne.

Ménagez votre corps pendant le jeûne. Ne vous surmenez pas physiquement. Effectuez plutôt des activités axées sur le repos et laissez-vous guider par votre corps en ce qui concerne les activités que vous entreprenez.

Lors de la rupture du jeûne, essayez de limiter votre consommation de féculents ou évitez-les complètement le premier jour. Votre corps a besoin d'une introduction en douceur à la nourriture à ce stade. L'amidon, qui n'est pas soluble dans l'eau, pourrait rapidement obstruer votre système digestif. Comme toujours, vous devez assumer la responsabilité de vos actes et de vos choix alimentaires et faire vos propres recherches, quelle que soit la voie que vous choisissez d'emprunter.

SHU

# 6

# GUIDES SPIRITUELS KÉMÉTIQUES, LES SECRETS DES CHAKRAS ET L'APPEL À LA FORCE ET À LA SAGESSE

Nous sommes tous entourés de guides spirituels. Ce sont des êtres qui existent dans le monde spirituel. Leur aide vous permet d'accéder plus facilement aux forces de la nature. En vous associant à vos guides spirituels, vous pouvez réaliser vos désirs, car ce sont eux qui s'engagent avec les forces de la nature qui rendent toutes les choses possibles. En vous engageant avec eux, vous accédez à leur capacité d'agir en tant qu'intermédiaires pour vous aider à atteindre vos objectifs. Les guides spirituels sont présents dans nos vies pour nous aider en nous apportant protection, réconfort et conseils dans nos activités quotidiennes.

## LES ANCÊTRES

Ces guides spirituels peuvent prendre différentes formes. L'une d'entre elles est celle des ancêtres. Il s'agit d'individus appartenant à votre lignée familiale ou proches d'elle. Il s'agit généralement de personnes qui ont mené une vie exemplaire et qui se sont mises à la disposition des vivants pour les aider à faire de même.

Vous pouvez honorer vos ancêtres en construisant un autel ancestral. Il s'agit d'un lieu réservé à la communication et au dialogue avec eux.

## MISE EN PLACE D'UN AUTEL

Pour dresser un autel, vous pouvez utiliser une petite table, qui ne doit être utilisée qu'à cette fin. Pour inviter les ancêtres à entrer, vous pouvez recouvrir la table d'une nappe blanche ou placer des coquillages blancs sur le pourtour de la table. Vous pouvez ensuite orner la table de photos de vos ancêtres, ces êtres chers qui ont quitté la terre.

Pour commencer vos recueils, priez pour que Dieu (ou le dieu ou la déesse de votre choix) guide vos ancêtres et leur donne force et sagesse. Ainsi, lorsque vous ferez appel à eux, ils disposeront des outils spirituels nécessaires pour vous apporter l'aide dont vous avez besoin.

Vous pouvez placer une petite bougie blanche sur un autel. Elle peut être de la taille d'une bougie d'anniversaire. Pendant qu'elle est allumée, dites à vos ancêtres que vous appréciez ce qu'ils ont fait pour vous lorsqu'ils étaient encore en vie. Parlez-leur de votre vie, de son déroulement et des difficultés auxquelles vous êtes confronté. Demandez-leur de vous guider et de vous aider à relever ces défis. En échange de l'aide que vous espérez recevoir d'eux, faites une offrande. L'offrande ne sert pas seulement à communiquer davantage avec vos ancêtres. Elle sert également à équilibrer l'échange d'énergie entre vous et eux. Lorsque vous recevez leur aide pour relever vos défis, vous devez donner quelque chose en retour. Cela est conforme aux lois de Maât. Vous pouvez leur offrir quelque chose qu'ils apprécieront ou qu'ils appréciaient de leur vivant sur terre. Il peut s'agir de brûler de l'encens ou de placer quelque chose à consommer. Vous pouvez offrir une boisson sous la forme d'une tasse de café noir fort, d'un verre d'alcool - s'ils l'appréciaient de leur vivant - ou d'une tasse de tisane aromatique. Vous pouvez également offrir à vos ancêtres une assiette de leurs aliments préférés. Après avoir formulé vos demandes en même temps que votre offrande, remerciez vos ancêtres pour leur aide et laissez la bougie se consumer d'elle-même.

Après avoir offert la nourriture et la boisson, vous pouvez laisser la boisson s'évaporer. Cependant, vous pouvez retirer l'assiette de nourriture le jour suivant afin qu'elle ne périsse pas sur l'autel. Lorsque vous vous débarrassez de l'assiette de nourriture, priez sur votre poubelle avant d'y déposer la nourriture. Vous pouvez également vous en débarrasser en la compostant.

Après avoir communiqué avec vos ancêtres à l'autel, préparez-vous à ce qu'ils vous répondent. Ils vous indiqueront la marche à suivre. Cela peut se produire sous la forme de moments de perspicacité, d'intuitions et de rêves que vous aurez à la suite de votre offrande aux ancêtres.

## LES DIEUX ET DÉESSES COMME GUIDES SPIRITUELS

Au cours de votre voyage dans la spiritualité kémétique, il se peut que vous preniez conscience de la présence de divers dieux et déesses dans votre vie. Ils sont là pour vous aider dans votre voyage spirituel en vous indiquant les actions à entreprendre et les choix à faire. Il se peut qu'ils aient toujours guidé votre parcours, mais que, par manque de conscience, vous n'ayez pas reconnu les preuves de leur existence. Ces preuves peuvent être subtiles et se présenter sous la forme de rêves ou d'interactions impliquant certains animaux sous lesquels les principes se manifestent. Vous vous souvenez peut-être d'une période de votre vie qui a été particulièrement difficile. Il se peut qu'au cours de cette époque, vous ayez vécu des coïncidences impliquant des lions, des chats ou des chacals, entre autres animaux. Il se peut que votre situation difficile ait été mystérieusement résolue. Avec le recul, vous pouvez maintenant vous rendre compte qu'il s'agissait peut-être de Sekhmet, de Bastet ou d'Anubis qui vous signaler de leur présence. La résolution mystérieuse de votre défi était peut-être due à leur intervention.

La présence des dieux et des déesses peut également être ressentie pendant les séances de guérison de Sekhem. Ces séances de guérison font appel à l'énergie spirituelle ; il est donc normal que le guide spirituel de l'individu se révèle pendant la séance de guérison. Cela se produira sous forme d'images mentales ou de conscience de la présence de ce dieu ou de cette déesse. Ces images ou sensations peuvent être ressenties soit par le guérisseur, soit par la personne qui entreprend la séance.

Lorsque cela se produit et que vous savez que l'un des dieux ou déesses est votre guide spirituel, vous pouvez tirer un grand profit de cette connaissance. Vous pouvez désormais leur demander d'intervenir directement dans certaines situations. Vous pouvez leur faire des offrandes comme vous le faites pour vos ancêtres. En prenant le temps de méditer et de vous concentrer sur le principe en question, vous ouvrirez la voie pour recevoir des conseils précis. Parfois, le dieu ou la déesse en tant que guide spirituel n'apparaît dans votre vie que dans un but particulier. Dans d'autres cas, il est votre compagnon de tous les instants et vous guide tout au long de votre vie.

Voici quelques-uns des dieux et déesses que vous pouvez rencontrer. Soyez attentif à vos visions, à vos rêves et à votre intuition. Soyez également attentif à tout besoin particulier que vous avez en ce moment. Les dieux et déesses peuvent être appelés à intervenir dans un domaine particulier qui est sous leur protection.

Anubis, ou Anpu, est le dieu à tête de chacal de l'au-delà, de la guérison et le guide des perdus. Anubis vient nous aider à faire face à la mort et à la renaissance, souvent dans le cadre d'un voyage émotionnel, psychologique ou spirituel.

Bastet est la déesse féline de l'amour, du feu, de la musique, de la fertilité et de la magie. C'est une protectrice des foyers qui éloigne les mauvais esprits et les maladies.

Het-Heru, ou Hathor, est une belle déesse portant des cornes de taureau et un disque solaire sur la tête. Elle se manifeste également sous la forme d'une oie, d'un lion ou d'un chat. Déesse des cosmétiques et du ciel, elle est connue pour être la protectrice des femmes. Elle apporte le plaisir, l'amour, la fertilité, la beauté et la musique dans la vie de ceux qu'elle touche. C'est la déesse de la maternité, dont l'autre fonction est d'accueillir les esprits morts dans l'au-delà. Elle est une manifestation moins féroce de Sekhmet. En tant que guide spirituel, Hathor inspire la gratitude et la diplomatie avec les nations étrangères et est la protectrice du Nil céleste.

Sekhmet est la déesse à tête de lionne qui porte un disque solaire combiné à un serpent uræus en guise de couronne. À la fois féroce et nourricière, elle guérit les malades et protège farouchement les innocents. Elle défend farouchement les principes de Maât et interviendra si vous avez été traité injustement.


## LES CHAKRAS

Les chakras sont des points focaux d'énergie qui se trouvent le long de la moelle épinière. Ces chakras tournent en permanence. Votre sens de l'équilibre est donc affecté par la vitesse à laquelle ces points focaux tournent. Lorsque votre équilibre est affecté par l'un de ces chakras qui tourne plus lentement ou plus rapidement que les autres, l'effet peut être émotionnel, physique ou mental.

Il existe sept points de chakra principaux, chacun

vibrant à sa propre couleur. Chaque point est associé à un dieu ou une déesse de l'arbre de vie kémétique. Ces points de chakra sont également alignés avec différentes parties du corps en fonction de leur emplacement sur la colonne vertébrale. Si vous avez un problème dans une partie particulière de votre corps, faites appel aux dieux et déesses qui gouvernent cette partie de votre corps pour obtenir la guérison. Vous trouverez ci-dessous une vue d'ensemble des points de chakra et une indication des divinités qui les gouvernent.

1. Le Chakra Racine, ou Khab, est gouverné par la partie inférieure de Geb et est associé aux hanches, à la vessie, aux membres inférieurs et à l'aine. Il est situé à la base de la colonne vertébrale. La couleur associée au chakra racine est le rouge.

2. Le Chakra Sacré, ou Khaibit, est gouverné par la partie supérieure de Geb et est associé à l'utérus et aux voies urinaires, ainsi qu'à nos émotions et à nos sens animaux. Il est situé juste en dessous du nombril. La couleur associée au chakra sacré est l'orange.

3. Le Chakra du Plexus Solaire, ou Sahu, est gouverné par Het-Heru, également connu sous les noms de Hathor, Sebek et Auset. Il est associé aux poumons, à l'estomac, aux intestins, au foie et à la tension artérielle. Il est situé au-

dessus du nombril. La couleur associée au chakra du plexus solaire est le jaune.

4. Le Chakra du Cœur, ou Ab, est gouverné par Maât, Herekuti et Heru. Il est associé au haut du dos et au cœur. Il est situé dans la poitrine. Les couleurs associées au chakra du cœur sont le vert et le rose.

5. Le Chakra de la Gorge, ou Shekem, est gouverné par Sekhert et est associé à la thyroïde, au nez et à la gorge. Il est situé dans la gorge. La couleur associée au chakra de la gorge est le bleu.

6. Le Chakra du Troisième Œil, ou Khu, est gouverné par Tehuti et est associé aux yeux et aux oreilles. Il est situé entre les yeux et les sourcils. La couleur associée au chakra du troisième œil est le violet.

7. Le chakra de la couronne, ou Ba, est gouverné par Ausar et est associé au système nerveux, à la mémoire et au sens de l'équilibre. Il est situé au sommet de la tête. La couleur associée au chakra de la couronne est le blanc.

DE PLUS AMPLES détails sur les points chakra seront fournis dans le chapitre consacré à la guérison énergétique kémétique.

## LES AURAS

Chacun d'entre nous émet la fréquence énergétique sur laquelle il fonctionne. Cette énergie entoure notre corps sous la forme d'un champ électromagnétique. Votre champ d'énergie peut être perçu par d'autres personnes lorsque leur propre champ d'énergie entre en contact avec le vôtre. Lorsqu'ils perçoivent votre champ d'énergie, ils peuvent y réagir. Cette réaction dépend de la façon dont votre énergie entre en contact avec leur aura. À partir de cette expérience, les gens décriront s'ils ont reçu de bonnes ou de mauvaises ondes de la part d'une personne.

Lorsque d'autres personnes perçoivent votre champ d'énergie, elles perçoivent votre aura. L'aura existe en différentes couches, chacune d'une couleur différente en fonction de vos chakras et de la quantité d'énergie rayonnée par chacun d'entre eux. Cette énergie est à son tour influencée par vos expériences actuelles et les émotions qui les accompagnent.

Certaines personnes ont la capacité de voir les auras et pourront dire quelle aura n'est pas alignée simplement en regardant les couleurs émanant de votre corps. Les auras sont mesurables et peuvent même être photographiées à l'aide d'un équipement spécial. Cet équipement est un outil utile pour déterminer s'il y a eu un changement dans l'aura et pour équilibrer les chakras avant et après une séance de guérison énergétique.

## LES BAINS SPIRITUELS

Lorsque nous interagissons avec les vibrations ou les auras d'autres personnes, un échange d'énergie a lieu et nous quittons les interactions avec les autres en ayant été quelque peu affectés par elles. Si nous sommes constamment en contact avec des personnes dont l'énergie est faible, notre fréquence énergétique finira par être affectée. Nous nous sentons alors déprimés ou d'humeur négative. Le moyen de nous débarrasser de ces humeurs négatives est de nettoyer nos fréquences énergétiques. Un bain spirituel est l'une des méthodes les plus efficaces et les plus simples à mettre en œuvre.

Au minimum, un bain spirituel nécessite une cuvette suffisamment grande pour y poser les pieds sans qu'ils se touchent, ainsi que vos prières et votre intention. Votre intention doit être d'attirer l'énergie négative hors de votre corps et dans l'eau. Après avoir laissé vos pieds dans l'eau pendant 10 à 15 minutes, vous pouvez les retirer et jeter l'eau dans les toilettes. Rincez la cuvette avec de l'eau fraîche.

Pour plus d'efficacité, vous pouvez ajouter des minéraux nettoyants à votre eau sous forme de sel gemme, de sel marin pur ou même d'eau de mer.

Votre intention de nettoyer votre corps tout entier peut être réalisée en prenant un bain dans de l'eau avec des propriétés nettoyantes. Combinez cela avec une prière pour la purification spirituelle. Si vous n'êtes pas en mesure d'immerger complètement votre corps dans une telle eau, vous pouvez en verser un peu sur vous sous la douche.

Pour augmenter la capacité de l'eau à évacuer l'énergie négative de votre aura, vous pouvez ajouter certains des éléments suivants : sel gemme (évitez d'utiliser du sel de table modifié), herbes, parfums naturels, sachets de thé, pierres et cristaux. Bénissez toujours l'eau avant de prendre le bain spirituel, car l'intention qui sous-tend le bain ou la douche en accroît l'efficacité.

Le basilic et la lavande sont des plantes efficaces.

HET HERU

# 7

# LES SECRETS DE GUÉRISON ÉNERGÉTIQUE ÉGYPTIENS OUBLIÉS ET LES TECHNIQUES MODERNES PUISSANTES

Notre corps est un conducteur d'énergie. Non seulement il conduit l'énergie, mais il contient en lui l'énergie nécessaire à notre survie. Cette énergie est maintenue dans les centres énergétiques, souvent appelés chakras. Le mot *chakra* signifie "roue de lumière" dans la langue sanskrite de l'Inde. Il a été adopté dans le monde entier pour désigner ces centres d'énergie.

Les chakras sont présents dans le corps humain sous forme de chakras mineurs et de chakras majeurs. Les chakras majeurs sont situés le long de la moelle épinière, tandis que les chakras mineurs sont situés dans différents organes ainsi qu'à certains endroits proches du corps, comme juste au-dessus de la tête. Lorsqu'ils sont perçus par ceux qui ont la capacité de voir l'énergie, soit par des capacités spéciales, soit par l'utilisation d'outils, les chakras sont perçus comme des roues tournoyantes d'énergie lumineuse.

Ce sont ces roues de lumière de différentes couleurs qui leur ont donné leur nom.

La base de la guérison énergétique est l'équilibrage des principaux chakras, ou centres d'énergie, dans le corps. Lorsque les chakras sont alignés, l'énergie peut circuler librement entre eux. Ils sont tous en équilibre les uns avec les autres, sans qu'aucun d'entre eux ne soit plus dominant ou plus soumis que les autres. Un corps sain est un corps qui est aligné avec l'énergie de l'univers, et c'est ce que nous devrions tous rechercher. Lorsque le corps n'est pas aligné, la guérison énergétique est pratiquée afin de réaligner les chakras. La guérison énergétique est obtenue en accédant à la force énergétique de l'univers et en alignant votre corps avec elle grâce à des techniques qui nettoient votre aura. Lorsque vos chakras sont dégagés, votre aura l'est également. Cela a un impact sur votre bien-être physique et émotionnel. Une aura claire permet à l'énergie d'être facilement canalisée à travers votre corps. Vous pourrez jouir d'une bonne santé et d'une grande clarté d'esprit. Cependant, si l'un de vos centres énergétiques est bloqué, cela peut se traduire par une maladie ou un trouble psychologique dans la zone correspondant à ce chakra. Souvent, pour identifier lequel de vos chakras est bloqué, il vous suffit de remonter aux symptômes que votre corps présente. Il est donc important de comprendre les centres d'énergie et leur impact sur votre santé globale. Une fois que vous en avez pris conscience, vous pouvez utiliser des techniques de guérison énergétique pour soigner votre corps. Des séances continues permettront à votre corps de rester aligné avec des vibrations énergétiques positives pour vous permettre de rester en bonne santé.

Pour vous faire prendre conscience de la façon dont l'énergie affecte votre corps, examinons les sept chakras et ce qu'ils représentent. Nous discuterons ensuite des méthodes utilisées par les praticiens de la guérison énergétique égyptienne pour équilibrer ces centres énergétiques. Nous examinerons également l'arbre de vie kémétique et la manière dont il s'harmonise avec les sept chakras et la spiritualité kémétique.

En observant l'arbre de vie, nous reconnaissons le rôle que divers dieux et déesses ont à jouer dans le parcours de guérison - en particulier Sekhmet, Thot et Auset, qui étaient les dieux associés aux prêtres et prêtresses des temples de guérison. Ces prêtres et prêtresses étaient chargés de veiller au bien-être spirituel et physique de ceux qui sollicitaient leur aide. Ceux-ci, à leur tour, demandaient conseil à ces dieux et déesses pour identifier et résoudre leurs maux.

## GUÉRIR POUR MAÂT

Nous examinerons également les différents outils et techniques qui peuvent être utilisés pour équilibrer l'énergie dans le corps. Rappelez-vous qu'une bonne santé est un équilibre entre le corps, l'âme et l'esprit. Bien que vous puissiez lire des livres et assister à des conférences inspirantes pour maintenir un esprit sain, votre corps et votre âme sont directement influencés par l'énergie avec laquelle vous entrez en contact quotidiennement. Chaque fois que vous interagissez physiquement avec des personnes, vous entrez en contact avec leur énergie. L'interaction négative qu'ils ont pu avoir avant de venir vous rencontrer restera dans leur corps énergétique s'ils ne l'ont pas réglée avant votre rencontre. Lorsque vous les rencontrez, cette énergie vous affecte car vous l'absorbez. Vous pouvez repartir avec un moral en berne sans savoir pourquoi vous vous sentez ainsi. Lorsque vous faites partie d'une foule, par exemple dans un théâtre rempli de gens, vous serez également affecté. En fait, toute la foule peut se contaminer mutuellement avec la même énergie. C'est pourquoi vous êtes encouragé lorsque vous passez à côté d'une personne qui se sourit à elle-même après avoir entendu une bonne nouvelle qu'elle vient de recevoir. Vous remarquerez que vous pouvez être incité à sourire vous aussi, même si la personne ne vous sourit pas. La plupart des gens sont instinctivement attirés par cette énergie positive parce qu'ils veulent aussi exister dans un espace vibratoire positif. D'un autre côté, si le fait d'être témoin de l'énergie positive des autres peut vous élever, le fait d'être exposé à leur énergie négative peut également avoir un impact sur vous. Les personnes qui sont proches d'une foule en colère ou qui en font partie peuvent souvent former une foule et agir pour une cause à laquelle elles ne croient pas. Cela se produit parce qu'elles se laissent entraîner par l'énergie de la foule. C'est pourquoi il est important de savoir avec qui nous nous associons, car leur énergie nous affecte. Dans les cas où nous n'avons pas le choix, nous devons trouver des moyens de nettoyer nos chakras quotidiennement si possible. Cela vous permettra de vivre votre vie de la manière la plus équilibrée possible. C'est pourquoi ce chapitre vous est présenté dans le but de vous aider à accéder aux bons outils pour maintenir l'équilibre de vos chakras et vous aider à vivre une vie équilibrée. Une vie équilibrée est en accord avec les principes de Maât et, par conséquent, essentielle à votre cheminement spirituel. En utilisant les outils présentés ici, vous pouvez vivre en Maât malgré l'impact de vos circonstances actuelles, de votre environnement ou de vos interactions quotidiennes.

## LE SYSTÈME DES CHAKRAS

Le corps humain contient sept chakras principaux. Ils se trouvent à différents endroits de la colonne vertébrale et sont représentés par des couleurs différentes. Ces chakras sont également liés à différents aspects physiques, émotionnels et psychologiques du bien-être. Par conséquent, si un chakra est déséquilibré dans votre vie, cela se traduira par un déséquilibre des aspects physiques, émotionnels et psychologiques associés de votre vie. Nous allons passer brièvement en revue les 7 chakras principaux, de bas en haut. Cela vous permettra de comprendre ce qu'ils sont et les aspects du corps auxquels ils sont liés. Ils vous seront présentés dans le même ordre que celui que vous suivrez lors de l'ascension de l'arbre de vie.

Dans l'Égypte ancienne, les chakras étaient considérés comme des âmes de Râ, ou "Sephek Ba Râ". Nous nous concentrerons ici sur les chakras représentés par chaque sphère de l'arbre de vie. Nous examinerons également le but spirituel que chaque chakra remplit en fonction de sa position sur l'arbre de vie.

Il vous montrera pourquoi l'alignement spirituel par l'équilibrage des chakras vous donne les moyens de surmonter les défis quotidiens et de vivre une vie de plus en plus pieuse.

### Chakra racine, le Khab

Le rouge est la couleur associée au chakra racine, situé à la base de la colonne vertébrale.

Le chakra racine est chargé de vous permettre de vous sentir en sécurité, car il vous permet d'être ancré dans la réalité.

Sur l'arbre de vie, ce chakra s'aligne sur la sphère dix. En l'occurrence, il est lié à la moitié inférieure de Geb. Ce chakra est lié aux aspects physiques du corps et à la capacité de se déplacer. Il est lié à notre corps physique. Le Khab est également considéré comme abritant le corps spirituel inconscient. Il est lié à notre nature sensuelle.

Un déséquilibre du chakra racine se traduit par des sentiments d'anxiété, de panique et d'insécurité. Ce déséquilibre peut entraîner une mentalité de victime. Il peut également se manifester par un état d'esprit de manque qui se traduit par l'accumulation de biens. Les affections physiques du chakra racine se situent au niveau de l'aine, de la vessie, des membres inférieurs et des hanches.

### Chakra sacré, *le Khaibit*

L'orange est la couleur du chakra sacré. Ce chakra est situé dans l'abdomen, à environ cinq centimètres sous le nombril.

Le chakra sacré est responsable de votre sens du plaisir et du bien-être, y compris de votre sexualité.

Sur l'arbre de vie, ce chakra s'aligne sur la sphère dix. Cette fois, il est lié à la moitié supérieure de Geb, qui a trait aux émotions et à nos sens animaux. Il s'agit de notre ombre, qui est gouvernée par les sens. Ce chakra est lié à la sensualité et à la créativité.

Un déséquilibre du chakra sacré se traduit par un sentiment de séparation physique et émotionnelle. Vous pouvez éprouver des difficultés à vous connecter aux autres. Les troubles physiques caractérisés par un tel blocage comprennent des problèmes de fertilité, tels que des menstruations irrégulières, des problèmes urinaires et des problèmes gynécologiques. Vous pouvez également souffrir de douleurs dorsales et de constipation.

### Chakra du plexus solaire, *le Sahu*

Le chakra du plexus solaire est de couleur jaune.

Situé dans la partie supérieure de l'abdomen, le chakra du plexus solaire est responsable des sentiments de maîtrise de soi et de confiance. C'est le centre du pouvoir personnel du corps.

Sur l'arbre de vie, ce chakra s'aligne sur les sphères sept, huit et neuf. La sphère sept est Het-Heru, le siège de l'énergie sexuelle, de la Kundalini et des forces solaires. La sphère huit est Sebek, qui représente l'intellect et la logique ainsi que la communication et la croyance. La sphère 9 est Auset, la déesse qui représente notre personnalité. Celle-ci est constituée de notre mémoire, de notre âme et de ce que nous apprenons au cours de notre voyage. La capacité de nourrir et d'être dévoué sert à ajouter de nouveaux aspects à notre personnalité en développement constant. C'est là que se trouve le corps énergétique spirituel. Il transporte notre force vitale au paradis après notre mort.

Un déséquilibre du chakra du plexus solaire se traduit par des problèmes d'intestin et d'estomac, tels que l'indigestion. L'hypertension artérielle et les problèmes de foie sont d'autres affections physiques possibles. Un tel déséquilibre peut entraîner des problèmes émotionnels tels qu'une faible estime de soi et le doute.

### Chakra du cœur, l'Ab

Centre de l'amour et des sentiments d'empathie, le chakra du cœur est désigné par les couleurs verte et rose.

Le chakra du cœur est responsable de l'amour, de l'empathie, du pardon et de la compassion.

Sur l'arbre de vie, ce chakra s'aligne sur les sphères quatre, cinq et six. Il en ressort que la sphère quatre est

Maât, qui régit l'harmonie, la vérité et la loi divine. Cet idéal est soutenu par la sphère cinq, Heru-Khuti, qui applique la loi divine. La sphère six est Heru, qui représente la volonté humaine qui détermine les résultats de notre processus de prise de décision et la capacité à surmonter notre moi inférieur. Le Ab est une passerelle entre les aspects divins et terrestres en nous. Il représente le siège de l'intellect et de la conscience.

Un déséquilibre du chakra du cœur se traduit par des douleurs dans le haut du dos, des maladies cardiaques, la dépression, l'anxiété et la fatigue chronique.

### CHAKRA DE LA GORGE, *le Shekem*

Situé dans la gorge, au centre du larynx, ce chakra est représenté par la couleur bleue.

Le chakra de la gorge est responsable de la communication. La forme la plus élevée de cette communication se produit lorsque vous exprimez votre vérité authentique.

Sur l'arbre de vie, ce chakra s'aligne sur la sphère trois, qui se rapporte au pouvoir de création par l'utilisation des mots. C'est là que se trouvent nos pouvoirs divins et notre énergie vitale. Il nous permet d'exprimer notre créativité et notre pouvoir.

Un déséquilibre du chakra de la gorge se traduit par des symptômes de rhume, des problèmes de gorge, un déséquilibre de la thyroïde et une raideur de la nuque.

. . .

### CHAKRA DU TROISIÈME ŒIL, *le Khu*

Situé entre les sourcils et les yeux, le chakra du troisième œil est associé à la couleur violette ou indigo.

Le chakra du troisième œil est responsable du rêve et de l'intuition.

Sur l'arbre de vie, ce chakra s'aligne sur la sphère 2, qui se rapporte à l'omniscience de Dieu. C'est là que se trouve le moi supérieur ou le moi transfiguré. C'est à partir de là que notre esprit entre dans l'au-delà lorsque nous mourons. Le Khu nous permet de recevoir des messages du monde spirituel dans notre état actuel de vivant sur terre.

Un déséquilibre du chakra du troisième œil se traduit par des problèmes au niveau des oreilles ou des yeux. Vous pouvez également souffrir d'un déséquilibre hormonal, de paralysie du sommeil ou de difficultés d'apprentissage.

### CHAKRA DE LA COURONNE, *le Ba*

Le chakra de la couronne est représenté par le blanc ou le violet.

Le chakra de la couronne est responsable de votre capacité à vous connecter à l'intelligence supérieure et au monde spirituel.

Sur l'arbre de vie, ce chakra s'aligne sur la sphère 1, qui est liée à notre véritable moi en tant que manifestation de Dieu dans le monde. Ce chakra est lié à tout ce qui est surnaturel et divin. Le Ba représente également les aspects qui, en nous, ne sont pas physiques.

Un déséquilibre du chakra du troisième œil se traduit

par un déséquilibre du système nerveux et des problèmes tels que des pertes de mémoire, des vertiges, des problèmes de vision et des difficultés cognitives.

## TECHNIQUES DE GUÉRISON ÉNERGÉTIQUE

Lorsque vos chakras sont alignés, ils sont en état de Maât, c'est-à-dire qu'ils sont en équilibre. Cependant, de nombreux événements et interactions ont lieu au cours de notre vie quotidienne. Certaines de leurs routines peuvent remettre en question notre état de Maât et nous déséquilibrer. Ces événements ont tendance à affecter le chakra particulier avec lequel ils entrent en contact. Par exemple, si vous vous trouvez dans une situation où vous ne pouvez pas dire votre vérité, cela affectera votre chakra de la gorge. Une telle situation peut survenir dans un environnement de travail où la communication de vos idées créatives est étouffée, comme dans un environnement où la direction insiste pour que les mêmes vieilles méthodes soient utilisées pour aborder les tâches, même s'il existe une technologie permettant d'obtenir de meilleurs résultats. Le fait d'être fortement découragé d'exprimer vos idées sur la façon de résoudre de vieux problèmes d'une manière nouvelle pourrait vous laisser avec un mal de gorge dû à un chakra de la gorge bloqué.

Il s'agit là d'un exemple concret de la façon dont le fait de ne pas aligner ses chakras de façon continue peut finir par provoquer un malaise ou une maladie corporelle. Les techniques suivantes étaient utilisées dans l'ancienne Kemet et sont de nouveau adoptées à l'époque moderne pour remédier aux déséquilibres corporels.

## PRIÈRES ET AFFIRMATIONS

L'utilisation de mots positifs est l'un des moyens pour faire pénétrer l'énergie de guérison dans votre corps. Le pouvoir des mots en tant que force vibratoire puissante ayant la capacité de créer l'univers a été de plus en plus reconnu par des professeur de renommée mondiale tels que Bob Proctor auteur de "Vous êtes nés riches". Par conséquent, l'une des méthodes que vous pouvez utiliser consiste à donner vie à vos centres d'énergie. Cela leur permet de s'aligner sur la vérité que vous leur dites plutôt que sur les malaises qu'ils ont pu rencontrer. Vous pouvez faire cela pour tous vos chakras comme une pratique quotidienne, ou vous pouvez vous concentrer sur un seul chakra lorsque vous sentez qu'il est devenu déséquilibré par rapport à son objectif. Vous pouvez utiliser les symptômes que votre corps présente, combinés à la connaissance de chaque chakra. Vous pouvez ainsi identifier les zones qui nécessitent une attention particulière. Voici des suggestions d'affirmations qui peuvent être utilisées pour chacun de vos chakras. Vous pouvez les modifier ou les compléter en fonction de votre situation et de vos symptômes.

### Affirmations pour le chakra racine, le Khab

- Je vis dans l'abondance et je reçois toujours ce dont j'ai besoin.
- Je suis reconnaissant pour la vie que je mène.
- J'ai confiance en moi.
- Je suis respecté par tous ceux qui me connaissent.
- Je suis ancré dans mon sentiment d'appartenance.

### Affirmations pour le chakra sacré, le Khaibit

- L'appréciation et le respect mutuels sont au cœur de toutes mes relations.
- Mes proches peuvent me faire confiance et je peux leur faire confiance.
- Je suis constamment inspiré pour créer de nouvelles idées.
- J'exprime ma créativité de différentes manières.
- J'assume l'entière responsabilité de mon bonheur et je me nourris de mes émotions.

### Affirmations pour le chakra du plexus solaire, le Sahu

- Je vis en accord avec mon objectif divin.
- Je suis persuadé que je suis toujours digne.
- J'utilise les erreurs du passé comme des tremplins pour avancer
- Je suis confiant, puissant et fort.
- Je suis motivé pour relever les défis.

## Affirmations **pour le chakra du cœur, l'Ab**

- Je suis entouré d'amour partout où je vais.
- Je suis plein d'amour et j'attire les gens qui sont pleins d'amour.
- Je m'aime pleinement.
- J'accueille l'amour et lui accorde l'attention qu'il mérite.
- Je mérite d'être aimé.

## Affirmations **pour le chakra de la gorge, le Shekem**

- Je sais écouter, je suis patient et attentif.
- Je sais communiquer mes idées de manière calme et réfléchie.
- J'aime les conversations animées et intelligentes.

- La réussite et la prospérité sont des thèmes récurrents dans mon discours.
- Je parle avec assurance et clarté.

**AFFIRMATIONS pour le chakra du troisième œil, le Khu**

- Je suis divinement guidé vers mon objectif supérieur.
- Je suis ouvert aux nouvelles expériences.
- Je me fie toujours à mon intuition.
- Je suis un penseur à grande échelle qui agit avec sagesse et intuition.
- Je suis connecté au divin.

**AFFIRMATIONS pour le chakra de la couronne, le ba**

- Je suis une extension de l'énergie divine aimante.
- Je suis spirituel et je vis en tant qu'humain.
- Je reçois de nouvelles idées de l'univers.
- Les forces supérieures me guident et enrichissent ma sagesse intérieure.

- J'embrasse le moment présent et je vis dans
  l'instant.

## POSE DES MAINS

Vous pouvez renforcer vos affirmations en posant vos mains sur la zone correspondant au chakra sur lequel vous vous concentrez. Vous pouvez placer vos mains côte à côte sur l'endroit du corps où se trouve le chakra. Vous pouvez également choisir de n'utiliser que votre main dominante sur cette zone. Vous pouvez faire cela en vous allongeant sur le dos.

Il est plus efficace de placer les mains de part et d'autre du corps, de manière à ce qu'elles entourent la zone concernée. Cela demande un peu de dextérité pour des zones comme la poitrine, car une main sera devant votre poitrine, et l'autre main sera sur votre dos dans la zone correspondante. Pour placer vos mains dans ces positions, vous devez vous tenir debout ou être en position assise, les pieds fermement posés sur le sol et le dos droit. Dans cette position, la méthode que vous utiliserez pour prononcer des mots d'affirmation pour votre chakra sacré consistera à placer votre main droite juste en dessous de votre nombril. En même temps, vous placerez votre main gauche sur le bas de votre dos. De cette façon, l'énergie circulera de vos deux mains à travers votre corps jusqu'au chakra concerné. Vous pouvez également utiliser cette méthode lorsque vous priez pour quelqu'un d'autre. Pour améliorer votre capacité à accéder à l'énergie universelle lors des exercices d'équilibrage des chakras, faites appel à vos guides spirituels pour qu'ils vous dirigent vers les chakras qui ont le plus besoin d'attention. Respirez profondément et restez calme en visualisant votre guide spirituel plaçant sa main sur la vôtre pour effectuer l'exercice de guérison à travers vous pendant que vous le faites.

## UTILISATION DES BAGUETTES DE GUÉRISON

De nombreuses statues trouvées dans les anciens temples de Kemet représentaient les dieux et les déesses tenant des cylindres dans leurs mains. Ce n'est qu'au siècle dernier que la vérité sur ces cylindres a été révélée. Dans les années 1920, une école de yoga zoroastrienne a révélé un texte ancien. Ce texte a été utilisé par des scientifiques russes dans les années 1990 pour recréer les baguettes. Les baguettes ont ensuite été étudiés par l'Académie russe des sciences pendant dix ans. Le résultat de cette étude intensive a été la découverte que les baguettes utilisaient des processus de guérison du corps similaires à ceux de l'acupuncture et du reiki. Ils ont déterminé que les baguettes étaient composées de métaux et de cristaux spécifiques, qui permettent à la guérison de se produire plus rapidement dans le corps lorsqu'ils sont correctement utilisés. Les baguettes sont également utilisées pour la manifestation, l'équilibrage physique et l'ascension.

Ce n'est donc que récemment que l'on a découvert que ces statues tenaient en fait des tiges de guérison. Ces tiges les maintenaient dans un état constant d'équilibre et d'alignement grâce à leur composition minérale.

Il existe dix types de baguettes différents. Chaque jeu de baguettes est spécifique à la capacité énergétique des différentes personnes, en fonction de la fréquence et de la vibration sur lesquelles elles s'alignent. Tenir un jeu de baguettes pendant seulement cinq minutes ouvre les méridiens et équilibre les chakras, permettant à l'énergie de circuler facilement dans tout le corps. On estime que les bienfaits que vous ressentirez pendant ces cinq minutes nécessiteraient une séance d'acupuncture de 30 minutes.

Un jeu de baguettes comprend une baguette solaire en cuivre ou en or et une baguette lunaire en zinc ou en argent. La tige de soleil contient l'énergie masculine ying, tandis que la tige de lune contient l'énergie féminine yang.

Pour atteindre l'équilibre, la baguette du soleil est placée dans la main droite et celle de la lune dans la main gauche. Le résultat est que l'énergie réparatrice circule dans le corps de la personne qui tient les baguettes.

Lorsqu'elles sont utilisées par un praticien tel qu'un guérisseur reiki, les tiges peuvent être dirigées vers le patient pour permettre à la séance de guérison énergétique de se dérouler. Pendant que le praticien déplace les tiges sur le patient, un autre jeu de tiges peut être tenu dans les mains du patient pour augmenter le flux d'énergie. La séance peut également se dérouler avec le seul praticien portant les baguettes de guérison.

Les baguettes peuvent être utilisées quotidiennement pendant 10 à 20 minutes. L'effet positif de l'utilisation de ces baguettes pour canaliser l'énergie dans le corps a été prouvé. En plus d'accroître le sentiment d'être centré et ancré, l'utilisation des baguettes présente les avantages suivants : They alleviate symptoms of chronic fatigue and exhaustion.

- Elles atténuent les symptômes de fatigue chronique et d'épuisement.
- Elles améliorent la qualité du sommeil et résolvent les problèmes d'insomnie.
- Elles améliorent la clarté mentale pour la méditation en stimulant l'énergie mentale et physique.
- Elles régulent le système nerveux, ce qui permet d'éliminer les symptômes d'agitation excessive, les mouvements obsessionnels compulsifs et les tics nerveux.
- Elles contribuent à la croissance et au fonctionnement des nerfs.
- Elles régulent l'hypertension artérielle à un stade précoce et les maladies cardiovasculaires qui y sont associées. Cela inclut des problèmes tels que l'artériosclérose et l'arythmie cardiaque.
- Elles stimulent le système nerveux.
- Elles éliminent les symptômes du stress et de la dépression de l'organisme.
- Elles ont un impact positif sur le système endocrinien.

- Elles améliorent l'état du système excréteur.
  Elles réduisent ainsi la probabilité d'apparition
  d'infections rénales, du syndrome du côlon
  irritable et d'infections de la vessie.

Malgré tous les effets positifs des baguettes, vous devez savoir qu'il existe des circonstances dans lesquelles elles ne doivent pas être utilisées. Les personnes suivantes ne devraient pas utiliser les baguettes:

- Ceux qui sont sous l'influence de drogues
  récréatives
- Les eenfants
- Ceux qui utilisent des stimulateurs cardiaques
- Celles qui sont enceintes
- Les personnes souffrant d'hypotension artérielle
- Les personnes souffrant de graves problèmes de
  santé mentale tels que la schizophrénie.

L'utilisation des baguettes de guérison a été combinée à d'autres méthodes de guérison, telles que le reiki et la guérison par le Sekhem, afin de transférer les bienfaits de la puissance des baguettes à une personne malade. Ces deux méthodes accèdent à l'énergie universelle pour en transférer les bienfaits au patient. Lorsqu'elles sont utilisées conjointement avec les baguettes de guérison, les effets du transfert d'énergie sont amplifiés. Les bâtonnets peuvent également être utilisés par les praticiens pour reconstituer leur propre énergie entre les séances avec différents clients.

# TAPOTER LES POINTS MÉRIDIENS D'ÉNERGIE

Les Égyptiens avaient une solide compréhension de l'énergie dans le corps. Bien que cette technique ne soit pas directement issue de leur culture et qu'elle n'ait été introduite que ces dernières années, elle n'en demeure pas moins un outil incroyablement puissant pour permettre à ceux qui suivent un chemin spirituel d'accélérer leur croissance intérieure et personnelle, raison pour laquelle elle est mentionnée ici.

En utilisant la technique du tapotement énergétique pour éliminer les blocages énergétiques et les traumatismes, il vous sera beaucoup plus facile de vivre selon les lois de Maât, d'être en harmonie avec la nature et d'accélérer votre croissance spirituelle. Il s'agit d'une technique facile que vous pouvez pratiquer de n'importe où et qui ne nécessite aucun outil ou équipement particulier.

La plupart d'entre nous vivons dans un environnement stressant, qui peut être aggravé par le manque de contrôle et l'incertitude. Cela peut engendrer des sentiments d'anxiété à l'égard de nombreux facteurs, en particulier lorsque nous regardons les informations, car nous ne pouvons pas contrôler le récit. Le fait de se trouver dans des conditions stressantes provoque l'apparition de l'adrénaline, l'hormone de la lutte ou de la fuite que notre corps libère lorsqu'il prépare sa réponse primitive au danger. Cependant, sans exutoire pour ces hormones et avec une stimulation négative continue de l'environnement, nous risquons d'accumuler plus de stress dans notre corps.

Pour contrer les effets des émotions négatives, vous pouvez utiliser directement les méridiens énergétiques de votre corps (canaux d'énergie) pour réduire la quantité d'adrénaline et de cortisol dans votre corps. Cette technique fonctionne d'une manière similaire à l'acupuncture et à l'acupression, mais consiste à tapoter avec la main sur différents points de la tête, du visage et du corps, tout en prononçant des affirmations vocales (ou même silencieuses). La méthode fonctionne en se concentrant sur différents méridiens énergétiques qui sont reliés à différents organes du corps. Les organes auxquels les exercices de tapotement sont reliés contiennent les émotions du corps, telles que la colère, le stress, l'anxiété ou la tristesse. Ces exercices permettent de traiter les émotions et de réduire les niveaux d'accumulation hormonale dans le corps. Vous réduisez également l'impact du stress sur le reste de votre corps. En d'autres termes, vous pouvez accéder au subconscient, éliminer les traumatismes, les croyances limitantes et ce qui ne vous sert plus. Vous pouvez ensuite remplacer cette programmation obsolète par une nouvelle façon d'agir dans le monde qui vous sert mieux et qui s'aligne sur votre objectif supérieur. Des personnes ont même utilisé cette technique pour éradiquer leur peur des araignées, de l'avion, de la conduite et de certaines attractions dans les parcs d'attractions, entre autres. C'est vraiment très facile à faire, et il n'y a pas de limites aux sujets qu'elle peut soigner.

## POINTS DE TAPOTEMENT

Neuf points ont été identifiés.

1. Le premier point de tapotement est le point du tranchant de la main en karaté. Il est abrégé PK. Il est situé sur le côté de chaque main. Pour le localiser, trouvez la partie charnue de la main qui se trouve juste en dessous de l'auriculaire et au-dessus du poignet. Ce point est relié à l'intestin grêle. Il aide à se libérer du chagrin, à aller de l'avant et à trouver la joie dans le moment présent.

2. Le deuxième point de tapotement est le sourcil. Il est abrégé DS. Pour localiser ce point, tracez votre doigt autour de l'os qui délimite votre orbite. Le point de rencontre de cet os et des sourcils est l'endroit où vous devez tapoter. Ce point est relié à la vessie. Il soulage les traumatismes, la tristesse et le sentiment d'être blessé, tout en favorisant la guérison émotionnelle et la paix intérieure.

3. Le troisième point de tapotement est le coin de l'œil. Il est abrégé CO. Il est situé sur l'os à côté de l'endroit où les paupières supérieures et inférieures se rencontrent. Ce point est relié à la vésicule biliaire. Le fait de tapoter ce point favorise la clarté et la compassion tout en libérant la colère et le ressentiment.

4. Le quatrième point de tapotement se trouve sous l'œil. Il est abrégé SO. Pour les deux yeux, il est situé au milieu de l'os, directement sous l'œil. Ce point est relié à l'estomac. Il libère les sentiments de peur et d'anxiété tout en favorisant le calme, le contentement et un sentiment de sécurité.

5. Le cinquième point de tapotement se trouve sous le nez. Il est abrégé SN. Il se trouve dans la zone située sous le nez et au-dessus de la lèvre supérieure. Il est relié au méridien du vaisseau directeur. Les tapotements sur ce point aideront à soulager les sentiments d'impuissance, de honte, de chagrin, d'embarras et de peur de l'échec tout en favorisant l'acceptation de soi, la prise en charge de soi et la compassion.

6. Le sixième point de tapotement est le point du menton. Il est abrégé SL. Il est situé dans l'échancrure sous la lèvre inférieure, en haut du menton. Ce point est relié au méridien central et améliore votre capacité d'acceptation de soi, de confiance, de certitude, de clarté et de sécurité.

7. Le septième point de tapotement est la clavicule. Il est abrégé SC. Si vous déplacez votre doigt le long de votre clavicule, vous trouverez un endroit où elle fait une légère indentation avant de se relever pour créer le haut de la forme en V qui rejoint le sternum. À

cet endroit, déplacez vos doigts vers le bas jusqu'à ce que vous puissiez sentir le sommet de l'os de votre première côte. Entre la clavicule et le point des côtes se trouve le point du méridien CB. Il est situé sur les côtés gauche et droit du corps. Ce point est relié aux reins. Il vous aide à aller de l'avant, à réduire les sentiments de blocage et à renforcer la confiance et la clarté.

8. Le huitième point de tapotement est l'aisselle. Il est abrégé SB. Il est situé à environ 10 cm sous l'aisselle. Ce point est relié à la rate. Il vous aidera à faire face à la culpabilité, à l'inquiétude, à l'obsession, à l'indécision et à la critique.

9. Le neuvième point de tapotement est le point du sommet de la tête. Il est abrégé ST. Il est situé au centre même du sommet de la tête si vous le regardez d'en haut. Ce point est relié à de nombreux points d'énergie et au chakra de la couronne. Il favorise la connexion spirituelle, la clarté, l'intuition et la sagesse.

Pratiquer la technique du tapotement :

1. Trouvez un endroit calme où vous ne serez pas distrait par une autre activité pendant que vous faites l'exercice.

2. Fermez les yeux et respirez profondément, puis expirez. Pensez à la situation qui vous rend

anxieux (ou à toute autre émotion ou situation sur laquelle vous aimeriez travailler).

3. Au fur et à mesure que vous ressentez les émotions, évaluez le niveau d'inconfort que vous ressentez. Attribuez-lui une note de 1 à 10. Vous pouvez revoir votre niveau d'inconfort après avoir effectué une série complète de tapotements pour déterminer s'il y a eu une amélioration. S'il n'y a pas d'amélioration après une seule série, vous pouvez recommencer le processus depuis le début.

## EXERCICE DE TAPOTEMENT

Ne vous concentrez que sur un seul problème stressant par séance. Tapotez sur les points méridiens, soit avec deux doigts pour les petites zones, soit avec quatre doigts pour couvrir les grandes zones. Le processus prend moins de dix minutes.

Tapotez doucement sept à dix fois sur chacun des points méridiens à tour de rôle, en prenant une profonde respiration abdominale à chaque nouveau point méridien. Pendant le processus, utilisez votre intuition pour guider votre attention. Si vous ressentez le besoin de tapoter plus longtemps sur un certain point méridien, suivez votre guidance intérieure, car cela facilitera votre processus de guérison.

Pour commencer, tapez sur le point de la tranche de la main en suivant les affirmations ci-dessous. C'est la phase de préparation. Au cours de cette étape, vous pouvez faire une affirmation qui est une déclaration de deux affirmations. La première consiste à reconnaître le problème. La seconde consiste à s'accepter soi-même et à laisser tomber le problème. Choisissez dans la liste ci-dessous une affirmation qui vous semble correspondre à ce que vous ressentez et répétez-la en tapotant chacun des points méridiens. Les affirmations ont été classées en fonction de l'ensemble des points de chakra du corps. Vous pouvez donc choisir une affirmation qui s'adresse à la zone de votre corps qui est la plus en décalage avec le reste de votre corps.

**AFFIRMATION POUR VOTRE CHAKRA RACINE :**

Même si je suis submergé, je choisis de me détendre et de me sentir en sécurité en sachant que Geb me soutient.

**Affirmation pour votre chakra sacré :**

Même si je ne me sens pas apprécié, je choisis de m'apprécier et de permettre à Geb de me guider dans l'expression de mes émotions.

**Affirmation pour votre chakra du plexus solaire :**

Même si je me sens impuissant, je choisis d'avoir confiance en moi. Je le fais en sachant qu'Auset permet à ma personnalité de rayonner, que Het-Heru m'apporte l'énergie sexuelle et solaire et que Sebek renforce ma capacité à communiquer clairement.

**Affirmation pour votre chakra du cœur :**

Même si j'éprouve de l'anxiété, je choisis de m'aimer et

de m'accepter profondément. Heru me donne la volonté de m'aimer et de m'accepter. Ceci est en accord avec la loi divine de Maât et appliqué par Heru-Khuti.

**Affirmation pour le chakra de la gorge :**

Même si je n'ai pas confiance en moi, je choisis d'exprimer ma vraie personnalité. Je le fais grâce au pouvoir créatif de Sekhem qui réside en moi.

**Affirmation pour le chakra du troisième œil :**

Même si je me sens incertain, je choisis de faire confiance à mon intuition. Je sais que le pouvoir intuitif de Djehouti réside en moi.

**Affirmation pour votre chakra de la couronne :**

Même si je me sens peu créatif, je choisis de recevoir l'inspiration. Je la reçois d'Ausar, qui contrôle tous les événements de la vie.

Une fois la phase d'installation terminée, tapotez tour à tour sur chacun des points méridiens. Pensez au problème et laissez-le partir.


**AFFIRMATIONS DE CLÔTURE**

Effectuez ensuite une deuxième série de tapotements sur les points méridiens tout en prononçant les affirmations suivantes :

- Il est sain de laisser aller.
- Je suis ouvert à libérer ce problème.

- Je trouve la paix dans mon corps.
- Je suis en ce moment fort, ancré et en sécurité dans chaque cellule de mon corps.

Une fois le processus terminé, pensez à nouveau à la situation problématique et mesurez votre niveau d'inconfort sur une échelle de un à dix, comme vous l'avez fait précédemment. Si votre niveau d'inconfort n'a pas diminué après avoir tapoté sur tous les points méridiens, recommencez l'exercice depuis le début.

## TECHNIQUE DE GUÉRISON ÉNERGÉTIQUE SEKHEM

Le mot *Sekhem* signifie "énergie vitale". Cette énergie est le résultat du mélange de Shu et de Tefnout, et c'est ce qui soutient tous les êtres vivants. C'est l'énergie vitale avec laquelle nous nous engageons lorsque nous pratiquons la guérison énergétique Sekhem. Pour ce faire, nous interagissons avec les chakras de l'âme et de la terre. Ces chakras s'ajoutent aux sept chakras principaux que nous avons examinés précédemment. Le chakra de l'âme est situé à environ 12 pouces au-dessus de votre tête, et il stocke l'information sur toutes vos expériences de vie. Le chakra de la terre est situé à une quinzaine de centimètres sous les pieds. Il vous relie à l'énergie de la terre et, par conséquent, à la nature et aux Neteru.

## MÉTHODE

La guérison Sekhem canalise l'énergie via ces chakras à travers les méridiens énergétiques du corps en utilisant les mains du guérisseur et les outils qu'il peut utiliser, tels que les baguettes de guérison, comme moyen de transfert de l'énergie. La canalisation de l'énergie à travers les méridiens garantit une circulation égale de l'énergie dans tout le corps. Le processus débloque tous les chakras qui peuvent être bloqués ou qui subissent un drainage. Une fois que tous les chakras sont débloqués, le corps conserve ou retrouve sa pleine vitalité.

Shekem utilise comme source d'énergie l'étoile Sirius, que les anciens Égyptiens appelaient d'ailleurs la maison des âmes défuntes. Sirius est également connue sous le nom d'étoile du chien, un lieu auquel le peuple Dogon d'Afrique de l'Ouest faisait référence avant même que l'astronomie moderne n'ait créé des télescopes suffisamment puissants pour l'identifier dans le cosmos. Outre Sirius, Sekhem canalise également l'énergie de la Lemuria et d'Orion.

Si vous souhaitez bénéficier des soins énergétiques de Sekhem, il est recommandé de trouver un praticien qui a étudié cette méthode de guérison. La méthode utilise des techniques et des symboles spécifiques que le praticien connaît pour activer les différents chakras et faire appel aux énergies terrestres et stellaires nécessaires.

Le guérisseur utilise les symboles de Sekhmet. Il s'agit de symboles multidimensionnels dessinés dans l'air au-dessus de chaque chakra affecté. Ces symboles sont utilisés pour guider l'énergie des systèmes stellaires vers les zones affectées. Ils invoquent des énergies cosmiques spécifiques pour faciliter le processus d'alignement et de guérison.

Pendant la séance de guérison Sekhem, il est normal que le guérisseur et l'initié en cours de guérison fassent l'expérience d'une interaction avec le monde spirituel. Cela peut se produire sous la forme de flashs d'images, de couleurs, d'ancêtres ou de certains dieux et déesses de l'ancien Kemet. Tous ces éléments apparaissent au cours de la séance afin d'apporter un soutien et des conseils pendant le processus. Pour le guérisseur, elles le guident dans l'identification des zones qui nécessitent le plus de travail et, par conséquent, une concentration accrue pour faciliter le processus de guérison. Pour l'initié qui suit le processus de guérison, les conseils visent à l'aider à déterminer l'orientation de sa vie afin d'atteindre l'équilibre et de vivre en Maât. Après une séance de guérison, si vous avez eu des flashs de dieux et de déesses, soyez actif dans votre engagement avec eux. Faites des recherches pour savoir ce que ces dieux et déesses représentaient au cours de leur vie (vous trouverez une mine d'informations dans ces pages). De quels domaines de la vie étaient-ils responsables et quels défis ont-ils dû relever ? Ensuite, examinez votre propre vie pour trouver des similitudes et voir quelles leçons peuvent être appliquées. Il se peut qu'ils soient apparus pour vous guider ou vous donner de la force dans un domaine particulier de votre vie.

La séance se termine par la mise en terre de l'énergie du patient. Cela permet de s'assurer que le patient reste ancré dans la terre après la séance. D'autres méthodes de guérison énergétique qui n'intègrent pas cette étape laissent parfois les patients dans un état d'hébétude après le processus, car leurs chakras restent exposés à une stimulation externe. Pour éviter cela, Sekhem met l'énergie de l'initié en terre avant et après chaque séance.

## IMPACT

En raison de son lien avec le chakra de l'âme, la guérison énergétique Sekhem a un effet bénéfique au-delà du corps physique et du temps présent. Elle permet d'atteindre un niveau de conscience plus élevé et d'éliminer les blocages énergétiques résultant d'événements passés. Par conséquent, dans les cas où les personnes souffrent des effets prolongés d'un traumatisme survenu dans le passé, la guérison par Sekhem est un bon outil à utiliser pour aborder et surmonter ces traumatismes passés.

La guérison Sekhem a des effets positifs sur le plan émotionnel qui sont perceptibles par les personnes avec lesquelles vous interagissez au quotidien. Après votre séance de guérison énergétique Sekhem, les personnes qui vous entourent sont susceptibles d'observer un changement de comportement dû à votre conscience accrue. Par conséquent, l'impact d'une séance de guérison Sekhem peut être ressenti pendant des semaines après la séance. Si les blocages énergétiques qui ont été éliminés sont présents dans le corps depuis longtemps, la séance peut changer la vie. La personne sera en mesure de vivre sa vie avec une perspective différente et une énergie renouvelée. Cela peut modifier la projection de sa vie de manière positive. Étant donné que l'âme porte les souvenirs des vies antérieures, il peut arriver que l'énergie à dégager ait été transmise par une vie antérieure. Cette énergie résiduelle sera accessible à la guérison par Sekhem en raison de l'interaction avec le chakra de l'âme.

L'engagement avec le chakra de la terre et le Neteru se traduit par un engagement accru avec les ancêtres et les guides spirituels. Ceux-ci peuvent également se manifester pendant la séance, soit par des flashs momentanés, soit par une présence constante tout au long de la séance. Dans le cas de la guérison par Sekhem, on s'attend à ce que ces guides spirituels se présentent sous la forme de Sekhmet ou de Bastet. Il peut également s'agir d'un autre représentant des cinq panthéons chargés de la santé, comme Heka, Auset, Serket et Tabithet.

## SEKHMET

On s'attend à ce que l'énergie de Sekhmet soit ressentie pendant les séances de guérison, car Sekhem est l'énergie utilisée dans les temples de guérison. Cette énergie de guérison relève du domaine de Sekhmet. Sekhmet, dont le nom signifie "la puissante", est la déesse de la guérison et était la patronne des temples de guérison dans l'ancienne Kemet. Les prêtres et prêtresses de ces temples guérissaient les maux physiques et spirituels grâce à l'énergie de Sekhmet. Sekhmet est une force qui continue à guider les guérisseurs aujourd'hui. Ceux qui jouent le même rôle que les prêtres et prêtresses des temples de guérison à l'époque de l'ancienne Kemet font souvent appel à Sekhmet sous ses différentes formes pour les guider dans leurs séances de guérison. Sekhmet prend également d'autres formes, telles que Bastet et Hathor. Chaque forme qu'elle prend révèle une facette différente de sa personnalité et apporte avec elle différents éléments. En tant que Bastet, elle est la protectrice des individus et des foyers. Elle les protège des maladies et des mauvais esprits tout en leur apportant santé et fertilité. En tant qu'Hathor, elle est la protectrice amusante des femmes et la déesse de la maternité.

## LES PANTHÉONS DE LA SANTÉ

Selon les pratiques de l'ancien Kemet, cinq panthéons sont responsables de notre santé. Il s'agit de Sekhmet, Heka, Serket, Tabithet et Auset. Nous avons déjà parlé de Sekhmet, à tête de lion, et de son rôle de patronne des prêtres et prêtresses de la guérison. Elle a la capacité d'apporter la guérison et la fécondité tout en conservant la capacité d'apporter la peste et la destruction. Par conséquent, sa capacité à infliger la peste lui permet de comprendre la maladie et la manière de l'éliminer, tout comme sa capacité à détruire lui permet de construire.

### *HEKA*

Le panthéon suivant sur notre liste est Heka, le dieu de la magie et de la médecine. Il porte un casque d'où semblent sortir deux bras levés. Il porte un bâton orné de deux serpents entrelacés. Son bâton a traversé le temps et les cultures pour devenir un symbole moderne de la médecine. La magie faisait partie intégrante de l'Égypte ancienne, même au-delà de la mort. Ceux qui n'avaient pas confiance en leur capacité à survivre à la confrontation de leur âme aux 42 lois de Maât s'assuraient d'apprendre suffisamment de magie pour leur permettre de surmonter l'épreuve. Cela faisait de Heka un aspect important de la vie et de l'au-delà, car Heka était responsable de la magie. Cependant, la magie n'était pas seulement importante pour accéder à l'au-delà. La présence d'Heka était omniprésente dans l'ancienne Kemet, car la magie faisait partie de la vie quotidienne, même pour les vivants. La connaissance et l'utilisation de la bonne combinaison de mots sont essentielles, car la magie est transmise sous forme de mots, écrits ou parlés. Même l'au-delà regorgeait de magie. Ceux qui n'avaient pas réussi à atteindre l'équilibre grâce aux 42 lois de Maât utilisaient des formules magiques pour les aider à passer l'épreuve qui leur permettait d'entrer dans l'au-delà.

## SERKET

Serket est une déesse de la guérison, avec un accent particulier sur la guérison des morsures venimeuses. Cette importance est soulignée par le scorpion qu'elle porte sur la tête comme une couronne. Elle est également la déesse de la nature, des animaux, de la magie et de la fertilité. L'ânkh qu'elle porte a souvent été identifié comme un symbole de l'utérus ; il est donc normal que les représentations d'une déesse de la fertilité la montrent portant un ânkh.

## TABITHET

Tabithet est une déesse protectrice. Ses domaines d'intervention sont les morsures, les piqûres, les poisons et l'hymen. Sa méthodologie comprend l'utilisation de sorts et l'utilisation du sang de son propre hymen comme antivenin. Dans les représentations de Tabithet, elle prend la forme d'un scorpion à tête de femme.

### Auset

Auset, connue des Grecs sous le nom d'Isis, est la déesse guérisseuse par excellence. Elle a ramené à la vie son mari décédé, Ausar, à plusieurs reprises. La première fois, il a été tué par son frère et son cercueil a été jeté dans une rivière. Lorsque le cercueil fut rejeté sur le rivage, un arbre à Djed à l'arôme attrayant commença à pousser. L'arbre fut coupé et transformé en pilier pour le roi de Byblos. En récupérant l'arbre, Isis a d'abord accompli la tâche réparatrice de guérir le fils du roi. Elle revint ensuite avec le pilier et libéra son mari de l'intérieur. Son frère le tue une seconde fois. Cette fois-ci, pour faire bonne mesure, il découpe Ausar - également connu sous le nom d'Osiris - en 14 morceaux et les disperse le long du Nil. La fidèle Auset rassembla tous les morceaux qu'elle put trouver et les assembla pour les enterrer. Ne trouvant pas de pénis, elle en créa un pour que son mari puisse être enterré entier. C'était la deuxième fois qu'elle parvenait à redonner vie au corps de son défunt mari. Le fait d'être enterré entier était une condition importante pour qu'il soit accepté dans l'au-delà. Sous cette forme entière, son mari lui a rendu visite en rêve et l'a fécondée.

Notez que le mari d'Auset était sous forme d'esprit lorsqu'il l'a fécondée. De plus, Ausar passant la plupart de son temps à essayer de survivre aux pièges de son frère Seth, Auset et lui n'ont jamais consommé leur mariage. Par conséquent, lorsque l'esprit d'Ausar a fécondé Auset, il s'agissait de la première Immaculée Conception enregistrée. Par la suite, d'autres religions et systèmes de croyance ont fait des récits similaires.

Ces panthéons de guérison peuvent tous être invoqués pour aider au processus de guérison, en particulier lorsque l'on a affaire à la spécialité d'une divinité, qu'il s'agisse de la fertilité, des piqûres ou de la résurrection d'aspects de votre vie qui semblent être morts. Lorsque vous leur adressez vos requêtes, laissez-vous guider par leurs histoires. Cela devrait inclure les défis qu'ils ont surmontés et les exploits impossibles qu'ils ont accomplis au cours de leur vie sur terre. Sachez que certains de ces panthéons ont existé sur le plan terrestre à un moment donné - soit qu'ils y soient nés, comme Auset, soit qu'ils aient été envoyés sur terre à un moment donné pour accomplir un exploit spécifique, comme Sekhmet. S'ils n'ont pas foulé la terre, ils se sont engagés quotidiennement auprès d'individus ordinaires. C'est le cas d'Heka, qui était appelée à apporter son aide dans tous les domaines de la vie et même dans la mort.

Alors que vous commencez votre voyage avec la guérison Sekhem, gardez à l'esprit les différents aspects qui la rendent si puissante. Elle offre une expérience de guérison holistique qui va au-delà des sept chakras principaux pour inclure les chakras de l'âme et de la terre. En engageant ces chakras, l'énergie est dérivée du cosmos et de la terre. Cette méthode de guérison vous permettra de faire face aux problèmes de votre passé et de votre présent. Les conseils intuitifs et la compréhension reçus de l'énergie de Sirius, des ancêtres et des panthéons de la guérison égyptienne font de cette forme de guérison une méthode qui a la capacité de transformer la trajectoire de votre vie.

APEP

# 8

# RITUELS SPIRITUELS KÉMÉTIQUES QUOTIDIENS QUE VOUS POUVEZ COMMENCER DÈS MAINTENANT POUR UNE DIVINITÉ ÉPANOUIE

Maât est la déesse de la vérité, de l'harmonie, de la loi et de la justice. Elle est souvent représentée en position agenouillée, une jambe repliée sous le corps, le genou de l'autre jambe pointant vers le haut tandis que la plante du pied correspondant est posée à plat sur le sol. Ses bras ailés s'étendent devant elle ou sur les côtés de son corps.

La plume d'autruche qu'elle porte sur la tête est la même que celle qu'elle utilise pour peser nos âmes lorsque nous passons de la terre au ciel. Avec ses acolytes, Djehouti et Hathor, ce sont ses actions qui déterminent si la vie d'une personne doit s'arrêter totalement ou si elle peut poursuivre son chemin dans l'au-delà.

Par conséquent, au réveil, il est bénéfique de réciter les lois de Maât comme intention pour la journée. Elles doivent servir de rappel des choses dont vous vous abstiendrez. À la fin de la journée, récitez à nouveau ces lois pour réfléchir à votre journée et déterminer si vous l'avez vécue comme vous l'aviez initialement prévu.

## RÉCITER LES LOIS DE MAÂT

Les lois de la Maât sont également appelées les 42 principes de Maât. Elles constituent un ensemble de principes directeurs à respecter. Les dix commandements sont issus de ces lois.

Les 42 lois de Maât sont les suivantes :

1. Je n'ai pas commis de péché.
2. Je n'ai pas commis de vol avec violence.
3. Je n'ai pas volé
4. Je n'ai pas tué d'hommes et de femmes.
5. Je n'ai pas volé de nourriture.
6. Je n'ai pas triché dans mes offrandes.
7. Je n'ai pas volé Dieu.
8. Je n'ai pas menti
9. Je n'ai pas emporté de nourriture.
10. Je n'ai pas maudit.
11. Je n'ai pas fermé mes oreilles à la vérité.
12. Je n'ai pas commis d'adultère.
13. Je n'ai fait pleurer personne.
14. Je n'ai pas ressenti de chagrin sans raison.
15. Je n'ai agressé personne.
16. Je ne suis pas malhonnête.
17. Je n'ai volé la terre de personne.

18. Je n'ai pas écouté aux portes.

19. Je n'ai accusé personne à tort.

20. Je ne me suis jamais mis en colère sans raison.

21. Je n'ai séduit la femme de personne.

22. Je ne me suis pas contaminé.

23. Je n'ai terrorisé personne.

24. Je n'ai pas désobéi à la loi.

25. Je ne suis pas resté dans un état de colère.

26. Je n'ai pas maudit Dieu.

27. Je ne me suis pas comporté avec violence.

28. Je n'ai pas perturbé la paix

29. Je n'ai pas agi de manière précipitée ou irréfléchie.

30. Je n'ai pas dépassé les limites de mes préoccupations.

31. Je n'ai pas exagéré mes propos en parlant.

32. Je n'ai pas fait de mal.

33. Je n'ai pas eu de pensées, de paroles ou d'actes mauvais.

34. Je n'ai pas contaminé l'eau.

35. Je n'ai pas parlé avec colère ou arrogance.

36. Je n'ai maudit personne en pensée, en parole ou en action.

37. Je ne me suis pas mis sur un piédestal

38. Je n'ai pas volé ce qui appartient à un Dieu.

39. Je n'ai pas volé ni manqué de respect à la personne décédée.

40. Je n'ai pas pris de nourriture à un enfant.

41. Je n'ai pas agi avec insolence.

42. Je n'ai pas détruit de biens appartenant à Dieu.

(AncientEgypt, n.d.)

## ÉTUDIER

L'une des façons de développer sa vie spirituelle est de prendre le temps d'étudier des textes religieux. Il peut s'agir de n'importe laquelle des grandes religions du monde. La raison pour laquelle l'étude de différentes religions vous mènera au Kémitisme est que ces religions ont été soupçonnées d'avoir pour base la religion Kémétique. Vous pouvez le découvrir par vous-même si vous étudiez suffisamment. Par exemple, une vierge qui a conçu un enfant par immaculée conception est une histoire similaire à celle d'Auset, Ausar et Heru. La naissance du monde par le son est l'histoire de Râ et de Néfertoum. Le monde émergeant de l'eau sous diverses formes est un reflet du rocher BenBen émergeant des eaux du chaos. Nombreux sont ceux qui pensent que ces histoires ont été remaniées et racontées à nouveau par différentes cultures à travers le monde. C'est pourquoi, à la base, les récits religieux renvoient si souvent à Kemet.

L'étude de la mythologie et de la religion de l'ancien Kemet peut également vous être utile. La lecture de ce livre vous aura appris que la connaissance des dieux et des déesses est au cœur du mode de vie kémétique. Comprendre les histoires individuelles et les interactions entre les divinités vous aidera dans votre cheminement personnel et dans vos engagements avec d'autres personnes.

Pour ce faire, vous pouvez utiliser la connaissance des archétypes que représentent les divinités et les domaines de votre vie qu'ils reflètent. L'étude des récits kémétiques en parallèle avec d'autres mythes religieux vous aidera à voir le lien entre les principes et les croyances des principales religions du monde et ceux de Kemet. Vous comprendrez alors que même si la religion a changé au fil du temps, les principes centraux qui guident l'humanité sont restés les mêmes. Vous vous rendrez compte que l'humanité continue d'être guidée par les mêmes forces qu'elle l'a toujours été. Cela devrait vous aider à trouver un moyen d'identifier la méthode de culte qui vous permet de vous sentir le plus en phase avec le divin.

Une connaissance approfondie des divinités vous aidera à identifier celles que vous pouvez invoquer lorsque vous êtes confronté à différents défis. En pratiquant la théurgie, vous pouvez alors adopter les aspects de la divinité qui peuvent vous aider à surmonter votre défi. En étudiant la parole de Dieu dans le format qui vous est proposé, vous recevrez des connaissances et des idées que vous pourrez mettre à profit quotidiennement. Vous recevrez des conseils supplémentaires sous la forme de pratiques religieuses et de rituels que chaque religion considère comme des thèmes centraux. Ils sont intégrés dans leurs enseignements et impliquent des actes tels que l'importance de donner pour contrebalancer la bénédiction de recevoir. Il s'agit de la loi de causalité, et la manière dont elle est souvent enseignée consiste à encourager les bons résultats dans votre vie en créant les mêmes pour les autres.

L'acte de prière est au cœur de la plupart des religions. Il s'agit de communiquer avec le divin ou de l'appeler à l'aide pour atteindre les objectifs de la vie. C'est le principe du mentalisme en action, car vous vous connectez avec le divin à un niveau mental. Lorsque vous le faites, vous avez le pouvoir de déplacer les atomes, les éléments constitutifs de la création, de manière à garantir la réalisation de vos objectifs. Plus vous parviendrez à calmer votre esprit grâce à des pratiques telles que la méditation, plus vous serez en mesure d'utiliser la prière comme une ressource pour provoquer les circonstances et les personnes qui vous orienteront vers l'étape suivante nécessaire à l'accomplissement de votre désir.

L'existence du bien et du mal dans le monde est décrite dans de nombreuses religions, tout comme la manière dont le mal peut être vaincu par le bien. Lorsque ces éléments sont personnifiés en individus bons et mauvais, c'est le principe de polarité qui est expliqué d'une manière pratique qu'un esprit moyen peut saisir.

Par conséquent, les religions vous inculquent une première compréhension de la façon dont les divinités peuvent agir dans votre vie. En outre, elles fournissent un moyen pratique d'incorporer les lois hermétiques dans les activités quotidiennes. Ces moyens passent par des activités de proximité, des dons à l'institution religieuse et à d'autres institutions, et une insistance sur la prière et le rituel comme partie intégrante de votre vie. Ces lois hermétiques sont un élément important pour vivre en harmonie avec la création et progresser dans la réalisation des objectifs que vous vous êtes fixés.

## UNE ALIMENTATION SAINE

Essayez de suivre un régime qui a retenu l'énergie du soleil sous forme de feuilles vertes et d'aliments colorés riches en anticorps. Cela signifie que votre alimentation doit se composer autant que possible d'aliments naturels et non transformés. Lorsque vous consommez trop d'aliments transformés, ceux-ci sont difficiles à digérer. Les déchets de ces aliments ont du mal à être expulsés du corps, ce qui entraîne un blocage de l'énergie et des risques potentiels pour la santé en raison du blocage du chakra sacré. En revanche, un régime alimentaire à base de plantes permet d'obtenir une quantité maximale de nutriments tout en apportant des bienfaits pour la santé, notamment la capacité de se concentrer davantage pendant les exercices de médita-tion, car moins d'énergie est dépensée dans le processus de digestion.

Incorporer des rituels spirituels quotidiens vous permettra de rester concentré sur le but de votre vie. Les rituels spirituels peuvent inclure des activités telles qu'al-lumer des bougies et de l'encens, réciter des prières, le yoga et la méditation quotidiens. Les rappels quotidiens qui se produisent lors de vos prières et de votre pratique médita-tive vous aideront à vivre en accord avec les lois de Maât. Cela se produira lorsque vous alignerez votre esprit sur la conscience universelle et que vous mettrez en pratique des principes qui tirent parti des lois hermétiques.

## LA MÉDITATION

La méditation est une méthode utilisée pour concentrer son esprit. La capacité à se concentrer clairement est essentielle pour atteindre les objectifs de la vie. Elle vous permet d'exceller dans la réalisation de vos désirs au milieu de situations troublantes. C'est également une compétence qui vous permet de vous mettre à l'écoute des éléments de la divinité qui vous entourent. Elle permet donc d'être attentif et réceptif aux indices et aux stimuli qui pourraient être les moyens par lesquels les dieux et les déesses essaient de vous faire passer un message. Sans la concentration et l'attention que la méditation apporte dans votre vie, vous pourriez avoir des difficultés à vous engager dans les activités qui sont essentielles à la théurgie et à vivre d'une manière qui vous aligne continuellement avec le divin.

Prenez chaque jour le temps de faire le vide dans votre esprit et de laisser la sagesse divine vous inspirer. Incorporez le yoga et quelques exercices de guérison des chakras à votre pratique méditative. Ces exercices peuvent prendre la forme d'affirmations et veilleront à ce que les chakras de votre corps restent purifiés. Des chakras parfaitement alignés vous permettent de mener une vie équilibrée et saine autant que possible. L'éclaircissement de l'esprit que procure la méditation crée une plateforme pour que l'inspiration divine entre dans votre vie. Vous ne pouvez recevoir de nouveaux messages que si votre esprit n'est pas rempli de pensées chaotiques issues de votre vie quotidienne. En vous concentrant de la sorte, vous retrouverez une vigueur renouvelée et un sens de l'objectif pour aborder vos activités quotidiennes.

La méditation apporte une tranquillité d'esprit. C'est pourquoi la pleine conscience est un aspect important de la méditation. Elle peut être pratiquée en se concentrant sur un objet visuel, un son ou une image mentale. Le travail sur la respiration est également important pour la méditation. Je vous présenterai quelques exercices qui intègrent un travail sur la respiration et se concentrent sur différents aspects. Chaque exercice sera introduit dans un but précis et pourra être adapté à vos besoins spécifiques.

## LA MÉDITATION POUR LA CRÉATION

Il est préférable de faire cette méditation au début ou au milieu d'un projet créatif. Vous pouvez également l'utiliser pour commencer votre journée. Elle vous permet de puiser dans le courant universel de la conscience créative afin de l'exploiter pour votre propre créativité. Il vous permet de comprendre comment le processus universel qui crée les grandes galaxies est le même que celui qui crée les petites fleurs. Une fois que vous êtes capable de comprendre ce concept, vous pouvez l'appliquer dans votre vie de créateur. Cela s'applique à toutes les formes de créativité, qu'il s'agisse d'une œuvre d'art, de musique, de l'assemblage d'une chaise ou d'un programme informatique. Pour créer efficacement quoi que ce soit, vous devez accéder à l'énergie créatrice qui réside en chacun de nous.

Avant de se lancer dans cet exercice méditatif simple mais efficace, il est utile d'apprendre la technique de la respiration en boîte. On l'appelle respiration en boîte parce que l'inspiration et l'expiration ont la même durée. La durée de la rétention de la respiration est également la même de part et d'autre de ces deux actions. Le processus de respiration est donc similaire au dessin d'un carré ou d'une boîte avec la respiration. Pour pratiquer cette technique, inspirez pendant quatre secondes, puis retenez votre souffle pendant quatre secondes. Ensuite, expirez pendant quatre secondes et gardez le souffle expiré hors de vos poumons pendant quatre secondes avant d'inspirer à nouveau. Répétez l'exercice de respiration en boîte avant de passer à la section suivante. Là encore, inspirez pendant quatre secondes, retenez votre souffle pendant quatre secondes, expirez pendant quatre secondes et retenez votre souffle pendant quatre secondes. Lorsque vous aurez l'impression d'avoir perfectionné la technique de la respiration en boîte, vous pourrez passer à l'aspect visualisation de l'exercice de méditation. Tout en visualisant, continuez à pratiquer l'exercice de respiration en boîte.

Asseyez-vous en tailleur sur le sol, les mains détendues sur vos genoux. Imaginez le processus de création lorsque le Néfertoum était assis sur le Lotus, prononçant les mots de la création aux côtés de Râ. En inspirant et en expirant, imaginez ce pouvoir de création et imaginez-vous en train de participer à ce processus. Imaginez que de nouvelles galaxies naissent alors que vous les prononcez, tandis qu'en même temps, une fleur se forme sur la tige d'une plante. La fleur forme un bourgeon et s'épanouit pleinement alors même que la nouvelle galaxie est en train d'être créée. Inspirez et expirez en utilisant la technique de la respiration en boîte tout en puisant dans le pouvoir de création qui réside en vous. Pendant cinq minutes, maintenez cet aspect de douceur en utilisant la technique de respiration en boîte tout en imaginant le processus de création. Si vous ne parvenez pas à maintenir votre concentration pendant cinq minutes, maintenez-la aussi longtemps que vous le pouvez tout en vous y préparant. Si vous pouvez maintenir votre concentration pendant plus de cinq minutes, nous vous encourageons à le faire, car cela renforce votre capacité à vous aligner sur le divin.

## LA MÉDITATION DE LA JOIE

Trouvez une position confortable, que ce soit en vous asseyant les jambes croisées sur le sol ou en vous allongeant sur le dos. Fermez les yeux et laissez votre tête tomber légèrement vers l'avant dans une position détendue. Inspirez profondément par le nez pour permettre à l'impact de la respiration de pousser votre estomac vers l'extérieur. Lorsque cela se produit, sachez que vous respirez à partir de votre diaphragme. Expirez doucement par le nez ou par la bouche, en chassant tout l'air de vos poumons avant de prendre une nouvelle inspiration profonde. Alors que vous êtes assis dans cette position détendue, inclinez votre tête d'un côté à l'autre, en laissant le côté droit de votre cou s'étirer lorsque vous inclinez votre tête vers le côté gauche. Respirez profondément dans cette position et expirez avant de pencher la tête vers la droite, de sorte que le côté gauche de votre cou se sente étiré.

Maintenant que vous êtes bien détendu, remémorez-vous un moment où vous avez ri de façon incontrôlée. Peut-être même un moment où vous avez ri au point de pleurer. Que se passait-il à ce moment-là ? Avec qui étiez-vous ? Qu'est-ce qui vous a fait tant rire ? Quelle activité physique aviez-vous pratiquée avant cela ? Qu'avez-vous fait ensuite ? Pouvez-vous vous souvenir des sons, des odeurs et des goûts de cette journée ? Lorsque vous vous remémorez cette jour-née, que voyez-vous dans votre esprit ? Laissez vos muscles se détendre pendant que vous vous souvenez de ces sensa-tions et de ce que vous avez ressenti à cette occasion. Si vous avez envie de sourire à ce souvenir, allez-y, souriez. Si le fait de raconter une blague de la même manière qu'elle a été prononcée vous fait à nouveau rire, donnez-vous la liberté de rire. Sentez l'émotion dans votre poitrine tandis que vous continuez à inspirer et à expirer en vous souvenant de ce moment. Sentez la liberté de ce moment où vous avez ri avec tant de joie. Continuez à respirer tout en essayant de vous rappeler le plus de détails possible sur ce moment.

Reconnaissez que ce moment particulier sera toujours avec vous et que pour ressentir à nouveau ces sensations, il vous suffit de fermer les yeux et de vous souvenir. En sachant cela, pensez à ce moment une fois de plus, en vous autorisant à ressentir la joie que vous avez éprouvée et le rire qui a envahi votre être. Continuez à respirer tout en appréciant cette sensation. Lorsque vous êtes prêt à sortir de l'instant présent, levez le menton de façon à ce que votre visage soit dirigé droit devant vous. Levez ensuite les bras de chaque côté de vous jusqu'à ce que vos mains soient au-dessus de votre tête. Laissez vos paumes se toucher doucement. Inspirez et expirez doucement. Répétez le processus d'inspiration et d'expiration, en veillant à respirer profondément. Ouvrez maintenant les yeux et préparez-vous à affronter la journée avec une joie intérieure.

## LA MÉDITATION POUR MAÂT

C'est une bonne méditation à faire dans les moments où vous avez l'impression de perdre le contrôle ou d'être en décalage avec le monde qui vous entoure.

Asseyez-vous le dos droit, par terre ou sur une chaise. Posez vos mains sur vos genoux et fermez les yeux. Inspirez profondément et, en expirant, pensez au mot "équilibre". Inspirez à nouveau et, cette fois, lorsque vous expirez, pensez au mot "harmonie". Répétez le processus en utilisant les mots "paix", "justice" et "ordre" comme sujets sur lesquels vous vous concentrez à chaque expiration. Équilibre, harmonie, paix, justice, ordre. Passez dix minutes à contempler ces mots et ce que chacun d'eux signifie pour vous. Au bout de dix minutes, étendez vos bras de chaque côté de votre corps. Tournez votre torse vers la gauche, puis vers la droite. Ouvrez les yeux et sortez de votre état contemplatif.

# MÉDITATION POUR LE RENOUVEAU ET LE RÉCONFORT

Faites cette méditation lorsque vous vous sentez vidé de votre énergie. Elle nous rappelle que nous pouvons renouveler nos niveaux d'énergie si nous prenons le temps de nous reposer. Deux positions de yoga sont utilisées pour cet exercice. La première position de yoga est Khépri - le scarabée. Pour adopter cette position de yoga, mettez-vous à genoux en vous asseyant sur vos hanches. Inspirez profondément et expirez. Penchez-vous en avant, en vous aidant de vos mains pour vous stabiliser. Abaissez votre corps jusqu'à ce que votre front touche le sol et que vos bras soient tendus vers l'avant, les paumes tournées vers le bas. En vous allongeant dans cette position, pensez à la renaissance du scarabée qui se produit depuis des millénaires. Chaque année, lorsque le Nil est en crue, le scarabée creuse profondément dans le sol. Lorsque les eaux se retirent, le scarabée émerge, renaissant. Lorsque vous êtes allongé dans cette position, creusez profondément en vous en balayant mentalement tout votre corps, des pieds à la tête. Faites-le trois fois, en observant ce que vous ressentez le long de tous les méridiens de votre corps. Une fois que vous avez fait cela trois fois, concentrez-vous sur votre chakra du plexus solaire. En inspirant et en expirant, réfléchissez à la façon dont votre respiration diaphragmatique fournit de l'énergie et de l'oxygène à ce chakra. Voyez cette énergie se développer sous la forme d'une boule jaune qui s'étend pour remplir tout votre corps de lumière jaune. Lorsque vous

vous sentez renouvelé, utilisez vos paumes pour pousser votre corps vers le haut et asseyez-vous sur vos hanches. Reposez vos paumes sur le haut de vos cuisses pendant quelques minutes. Levez-vous ensuite et mettez-vous debout afin de profiter de l'aspect confortable de la méditation.

Tenez-vous debout, les pieds écartés sur la largeur des épaules. Levez les bras le long du corps de façon à ce qu'ils soient au niveau des épaules. Balancez les deux bras vers l'arrière en inspirant. Ramenez ensuite les bras vers l'avant en expirant. Pendant ce temps, imaginez qu'Aset se tient derrière vous et reproduit vos mouvements. Lorsque vos mains atteignent l'avant de votre corps, laissez un bras traverser votre corps sous l'autre bras, de manière à ce que les mains ne se touchent pas. Au lieu de cela, vos mains doivent se déplacer continuellement de l'avant de votre corps vers les côtés pendant que vous inspirez et expirez. Répétez le mouvement et l'exercice de respiration cinq fois. Ensuite, ramenez vos bras vers l'avant et croisez-les l'un sur l'autre devant vous dans une étreinte. Fermez les yeux et imaginez qu'Aset continue à refléter vos mouvements et à vous étreindre. Dans cette position, inspirez et expirez cinq fois. Remerciez Aset, ouvrez les yeux et continuez votre journée.

## LA PRIÈRE KÉMÉTIQUE

La prière est une conversation avec Dieu d'une manière qui attend de lui qu'il reçoive le message et qu'il réponde à ce qui est proposé. Les réponses peuvent prendre la forme d'une voix audible, d'une vision, d'un rêve, d'un événement ou d'une série de coïncidences qui s'alignent sur la réponse que vous avez recherchée dans la prière.

La prière théurgique est plus que cela. En pratiquant la théurgie, nous tentons d'élever notre esprit pour l'aligner étroitement sur celui des dieux et des déesses. Lorsque nous cherchons des solutions à nos besoins spirituels, nous tentons d'incarner les dieux et les déesses qui possèdent les connaissances et les réponses que nous recherchons. C'est ainsi que nous recherchons la croissance spirituelle. La pratique de la théurgie consiste à forger une relation étroite avec les divinités par l'utilisation de mots, d'éléments physiques et de mouvements corporels associés à des divinités spécifiques. Il peut s'agir de mouvements de yoga spécifiques, de la prononciation de mots spécifiques ou de noms de divinités, et de rituels tels que l'allumage de bougies ou d'encens pour créer une atmosphère spirituelle. Cela nous permet de nous engager directement avec les divinités et de les incarner par la combinaison d'éléments, d'actions et de mots afin de créer des rituels spécifiques pour ouvrir la voie à l'alignement avec elles et à l'illumination en nous-mêmes.

Par conséquent, dans la pratique de la spiritualité kémétique, l'acte de prière va au-delà de la prononciation d'une sélection de mots dans un ordre spécifique. Bien que les mots fassent toujours partie de la pratique, la prière kémétique exige une plus grande contribution de votre part, en ce sens qu'elle vous demande d'être plus en phase avec l'esprit divin que vous souhaitez engager ou incarner. Lorsque vous êtes en phase avec cette divinité ou que vous cherchez à l'être, vous utilisez les connaissances issues de vos études pour vous aider dans votre démarche. Vous accomplirez les actions, boirez les boissons et vous engagerez dans les pratiques que vous savez être celles de cette divinité. Vous utiliserez également la visualisation comme un moyen puissant de donner vie aux mots que vous prononcerez. Vous chercherez ainsi à les incarner pleinement. L'une des façons d'atteindre ce résultat est d'utiliser les méthodes et les pratiques qui vous ont été exposées tout au long de ce livre.

Les documents relatifs aux pratiques des temples font état de la combustion d'encens sur un feu ou des charbons allumés à cet effet. Avec le temps, nous nous sommes éloignés des multiples visites au temple tout au long de la journée et nous passons de plus en plus nos moments de culte dans nos espaces personnels. Il a donc fallu remplacer les feux allumés et les charbons ardents sur lesquels l'encens était initialement brûlé. Nous avons trouvé des bougies et de l'encens sous forme de bâtonnets et de cônes. Cela nous a permis de poursuivre la tradition et d'honorer les dieux.

Dans l'ancienne Kemet, l'encens était allumé à l'aube, à midi et au coucher du soleil pour permettre aux prières de s'élever vers les cieux et d'être écoutées par les dieux grâce à l'arôme doux qui accompagnait ces prières. Les types d'encens utilisés différaient selon le moment de la journée. À l'aube, on utilisait l'encens. À la mi-journée, on utilisait la myrrhe, tandis que le crépuscule était l'occasion d'allumer le kyphi. Le kyphi était un encens complexe. Il était comestible et utilisé pour guérir les maladies, mais aussi brûlé en offrande. Sa composition faisait appel à de multiples ingrédients, tels que le miel, l'encens, la menthe, les raisins secs, la résine de pin, les pignons de pin, la cannelle, la myrrhe et les baies de genièvre. Brûler des bougies parfumées et de l'encens au coucher du soleil présente l'avantage supplémentaire de rendre les rêves plus vivants.

En plus de l'encens quotidien, des types d'encens spécifiques étaient utilisés pour invoquer certaines divinités. Par exemple, la myrrhe était utilisée pour invoquer Asar, Auset, Hathor et Anubis. Anubis était également attiré par le bois de cèdre et l'encens. L'encens était également utilisé pour invoquer Hathor. Grâce à ces connaissances, il est possible de brûler de l'encens et des bougies parfumées pour ces divinités spécifiques au lever, à la mi-journée et au coucher du soleil. Brûler de l'encens ou des bougies parfumées est un bon accompagnement pour vos prières, car vous pouvez suivre les habitudes des anciens Égyptiens. Si vous n'avez pas la possibilité de vous rendre au temple trois fois par jour, vous pouvez choisir d'utiliser la fumée parfumée du feu sous forme d'encens et de bougies lorsque vous priez. Vous attirerez ainsi l'attention des dieux pour qu'ils répondent à vos demandes.

En demandant dans l'attente de recevoir, il est recommandé de pratiquer la gratitude comme Hathor en gardant la conviction profonde que vos prières ont déjà été exaucées. Pratiquer la gratitude de cette manière vous permet de maintenir un état de Maât. C'est également une bonne idée de déclarer des événements avec l'autorité de Heru lorsqu'il était sous la forme de Néfertoum et qu'il donnait naissance à la création. En déclarant quelque chose à l'existence, vous allez au-delà de la demande et vous entrez dans la croyance que vos demandes seront satisfaites alors même que vous les demandez. Lorsque vous faites cela, vous commencez à utiliser l'énergie universelle décrite dans les lois hermétiques et vous vous alignez ainsi sur le pouvoir de l'énergie que vous incarnez et invoquez.

En adoptant l'attitude et les mots justes, essayez d'aligner vos mouvements sur ceux des dieux et des déesses. La meilleure façon d'y parvenir est de pratiquer le yoga kémétique, tel qu'il est représenté sur les murs des temples et les rouleaux de papyrus. Le chapitre bonus sur le yoga kémétique, inclus à la fin de ce livre, peut vous fournir des conseils sur la manière d'utiliser le yoga pour incarner les dieux et les déesses. Il vous fournira également des conseils sur les mouvements que vous pouvez utiliser en tandem avec certaines des prières spécifiques présentées plus loin dans ce chapitre. De même que votre corps s'aligne sur les actions divines, votre état d'esprit doit lui aussi s'aligner sur le divin. Ce n'est qu'avec cet état d'esprit que vous pouvez participer à l'acte continu de création qui se produit en permanence alors que l'univers continue de s'étendre vers l'extérieur. En assurant l'équilibre et l'harmonie dans votre propre vie, vous permettez à l'univers de faire de même. Cela est conforme à la loi hermétique des correspondances qui stipule: " Ce qui est en haut est en bas". Lorsque vous faites cela, vous devenez co-créateur non seulement de votre vie, mais aussi de l'univers. C'est dans cet état qu'il est bénéfique de chercher à vivre au quotidien.

Il serait donc souhaitable qu'une activité de prière globale fasse partie de votre vie quotidienne. Commencez chaque journée par une prière. Si possible, faites-la entre 4 et 6 heures du matin, c'est-à-dire au début de la journée. Cela vous permet d'aligner vos intentions sur le soleil lui-même, juste avant qu'il n'effectue son voyage quotidien dans le ciel.

Ce moment de la journée est le plus calme en termes d'absence de perturbations dues aux activités de la journée et aux appareils électroniques qui nous empêchent de nous concentrer car ils rivalisent pour attirer notre attention. Vous serez dans un état d'esprit plus calme que le reste de la journée. La première partie de la journée, après le réveil, est également le moment où votre esprit conscient et votre subconscient sont davantage connectés l'un à l'autre, puisqu'ils viennent de sortir du monde des rêves. Évitez de vous tourner vers la techno-logie dès le matin, car elle vibre à une fréquence diffé-rente de celle de votre corps et de votre âme. En outre, dès que vous allumez la télévision, la radio ou le téléphone portable, votre attention est redirigée. Vous ne serez plus concentré intérieurement sur vous-même et sur vos guides spirituels comme vous devriez l'être. Au lieu de cela, votre attention sera détournée par la technologie et les médias qui vous font perdre du temps. Si vous souhaitez évoluer spirituellement, ce moment de la journée est tout à fait propice à la connexion spirituelle et à la réflexion sur les messages que vous avez pu recevoir du divin sous la forme de rêves.

Si vous vous souvenez de vos rêves, prenez le temps de les lire en essayant de vous les remémorer en détail. Demandez à être guidé pour comprendre les messages que vos guides spirituels ont pu vous transmettre sous forme de rêves. Il est conseillé de tenir un journal des rêves dans lequel vous consignerez tous les rêves dont vous vous souvenez. Cela vous permettra de repérer les thèmes récurrents et de déterminer si un message particulier vous est communiqué. Si vos rêves sont prophétiques, c'est-à-dire qu'ils vous avertissent ou vous annoncent un événement futur, le fait de les consigner par écrit vous fournira la preuve que la prophétie s'est produite avant l'événement réel. Cela renforcera votre confiance dans les messages que vous recevez et vous aidera à repérer des schémas qui pourront être appliqués à l'interprétation des rêves à l'avenir. Si vous comprenez le rêve, demandez l'assistance divine pour savoir quelles mesures prendre pour mettre en œuvre les actions qui ont pu être suggérées dans le rêve ou pour savoir quelles mesures prendre ensuite pour manifester vos désirs. Si vous ne comprenez pas le rêve, recherchez des thèmes, des personnes, des lieux et des événements qui ont une signification pour votre subconscient. Cela peut vous aider à établir une correspondance entre les symboles et les archétypes de vos rêves et ceux du monde qui vous entoure.

Lorsque vous effectuez vos prières quotidiennes, faites-le toujours dans un esprit de gratitude et avec l'intention de vivre votre vie en équilibre avec les lois de l'univers. Dans vos prières, réfléchissez aux lois de Maât et demandez conseil dans les domaines où vous vous sentez le plus faible. Prenez le temps de mentionner les domaines où vous avez besoin d'aide dans votre vie et demandez qu'on vous en fournisse dans ces domaines. Lorsque vous invoquez Maât, vous pouvez utiliser les combinaisons d'encens suivantes : ambre et myrrhe ; gardénia et rose ; lavande et sauge ; encens et bois de santal ; jasmin et vanille ; sauge blanche et sang-dragon ; patchouli et bergamote ; et agrumes et bois de cèdre. Toutes ces combinaisons peuvent être allumées avant le début du rituel de prière.

Priez pour la santé de votre corps, en particulier pour les organes essentiels appelés " les enfants d'Horus". Demandez la santé de votre foie, de vos poumons, de votre estomac et de vos intestins. Demandez qu'ils soient protégés respectivement par Imsety, Hapi, Douamoutef et Kébehsénouf. Demandez qu'ils le fassent avec l'aide d'Isis, de Nephthys, de Neith et de Selket, de la même manière que ces divinités protégeront ces organes dans l'au-delà. Demandez des éclaircissements et des conseils sur la manière de prendre soin de ces organes pour leur assurer une vie longue et saine.

## PRIÈRES SPÉCIFIQUES

Lorsque vous priez, sachez que différentes divinités sont en charge de différents domaines de la vie. Vous devez donc essayer d'orienter vos prières en fonction des besoins qui sont les vôtres à un moment donné. Une prière ciblée a plus de chances d'aboutir au résultat spécifique dont vous avez besoin qu'une prière générale. Bien que ces prières générales couvrent tous les domaines, elles attirent également l'attention sur ceux qui ne requièrent pas une attention immédiate. Comme il s'agit de prières génériques, il se peut que vous ne remarquiez pas les résultats lorsqu'ils se produisent. Rappelez-vous que lorsque vous priez, vous n'invoquez pas seulement les dieux et les déesses, mais vous vous engagez également avec les forces universelles. Par conséquent, une attitude concentrée est nécessaire pour vous permettre d'avoir l'impact le plus fort possible. Pour y parvenir, il est conseillé de commencer par méditer. Cela vous permettra de débarrasser votre esprit des pensées inutiles et de n'introduire que votre demande dans la conversation avec les divinités, en laissant derrière vous toute négativité et toute frustration.

Voici quelques prières ciblées qui vous aideront à formuler vos prières de manière à obtenir des résultats spécifiques. Dans chacune des prières ci-dessous, les divinités invoquées sont celles qui président aux domaines dans lesquels elles sont appelées à l'aide. Les prières se terminent par de la gratitude, car vous devez être convaincu que vos prières seront exaucées ; c'est ainsi que vous manifesterez vos paroles. Vous pouvez améliorer ces prières en utilisant les mouvements de yoga correspondants contenant les noms des divinités, s'ils sont répertoriés dans le chapitre sur le yoga kémétique. Cela vous aidera à concentrer votre attention et à incarner la divinité que vous invoquez pour obtenir de l'aide.

. . .

### POUR LES AGRICULTEURS *et les jardiniers*

Ce matin, en allant planter ma graine, je m'adresse à Geb, le dieu de la terre. Que la terre dans laquelle je plante ma graine soit riche et fertile, avec la combinaison minérale parfaite pour mes besoins. J'offre également les labeurs de ma main à Ausar, dieu de la végétation fertile. Je te demande de m'être favorable. Guide ma main dans mes plantations et mes récoltes, tout comme tu guides mes plantes dans le processus de croissance. Je demande que mon jardin puisse t'honorer et honorer le travail que tu as accompli sur terre. Je te demande de protéger mes plantes des parasites, de la sécheresse et des intempéries. Dans cette demande, je fais également appel à Tefnout, qui est la déesse de l'humidité dans l'air. Faites qu'il y ait la bonne quantité et le bon type de pluie au bon moment. Je demande que ces précipitations aident mes plantes à s'épanouir au mieux de leurs capacités. Aidez-moi à avoir un impact positif sur ma communauté grâce à ma récolte. Par le pouvoir d'Amon-Râ. Je vous remercie.

### POUR LES QUESTIONS *juridiques*

Alors que je m'engage dans les activités liées à cette affaire juridique (nommez les activités spécifiques et l'affaire juridique), je demande l'intervention de Maât et de Djehouti. Vous deux qui maintenez la vérité, la sagesse et l'honneur dans le monde, je vous demande de maintenir ces aspects dans ma vie. Je demande que la sagesse de Djehouti soit présente dans l'esprit de ceux qui présideront à mon affaire. Je demande que cette même sagesse soit présente pendant la phase de préparation de la date d'échéance. Sagesse de Djehouti, je t'invite à t'asseoir aux côtés de mes représentants légaux. Qu'ils soient inspirés par la bonne approche de l'affaire dont nous sommes saisis. Qu'ils m'inspirent aussi une bonne mémoire pour me souvenir à temps des détails importants, détails qui peuvent contribuer de manière fructueuse au processus de préparation. Je demande à Sekhmet d'être présente pour me protéger dans mon innocence et veiller à ce que l'issue de cette affaire juridique soit juste pour moi. Je demande à Maât d'être toujours présente pour veiller à ce que la justice prévale dans cette affaire et dans toutes les activités qui s'y rapportent. Par le pouvoir d'Amon-Râ. Je vous remercie.

### Pour la guérison *des maladies physiques*

Bastet, je vous invoque en ce moment où j'ai besoin de vous. Je vous demande d'intervenir alors que je me bats contre cette maladie qui m'a consumé et qui a réduit la richesse de ma vie à une fraction de ce dont je jouissais auparavant. Je vous demande, ô protectrice des foyers, de nous protéger, moi et mon foyer, en ces temps difficiles. Venez dans ma vie, dans mon foyer, et demeurez-y, en chassant les mauvais esprits qui pourraient être à l'origine de cette maladie. S'il vous plaît, ramenez la santé dans mon corps et la vitalité dans ma vie. Rendez à mon foyer sa gloire d'antan et faites en sorte qu'il devienne encore plus grand que nous ne pouvons l'imaginer. Rendez à mon corps le bon canal de l'esprit qu'il est censé être. Que votre bonté et votre miséricorde demeurent en moi et dans ma famille. Par le pouvoir d'Amon-Râ. Je vous remercie.

### *Pour des opérations médicales réussies*

Ô, Heru-Ur, dieu de la santé et de la restauration. Je te demande de rendre à mon corps sa pleine fonctionnalité. Alors que j'entre aujourd'hui dans la salle d'opération, je te demande de guider les médecins dans leurs tâches afin que je sois entièrement rétabli. Je te demande, Nephthys, de veiller sur mes organes internes pendant l'opération. Fais en sorte que les mains des médecins soient sûres et stables afin qu'ils n'opèrent que sur l'organe prévu et qu'aucune erreur ne soit commise de part et d'autre de la zone d'opération prévue. J'en appelle également à Iousaaset, déesse de la vie, pour que mon corps soit entièrement guéri après la réussite de l'intervention. Je te demande, Aset, avec ton pouvoir de résurrection, de me couvrir de ton pouvoir de résurrection. Que toutes les procédures d'anesthésie se déroulent sans problème, me permettant de dormir et de me réveiller de l'opération au bon moment. Merci de m'avoir ressuscité après l'anesthésie. Je te remercie maintenant de le faire au bon moment pour que je me réveille, et pas avant. Je présente cette prière par le pouvoir d'Amon-Râ. Je vous remercie.

. . .

## Pour les voyages *et les relations extérieures*

Ô, Hathor, déesse de la diplomatie et des nations étrangères. Nous te demandons d'être avec nous en ce moment. Guide-nous dans notre voyage et dans toutes nos interactions, qu'elles soient planifiées ou non. Nous prions pour que tous nos projets de voyage se déroulent sans encombre, qu'il s'agisse du transport ou des documents nécessaires. Que toutes nos négociations pendant le trajet vers et depuis notre destination, ainsi qu'à notre destination, nous soient favorables. Que les habitants du pays étranger (ici vous pouvez dire le nom du pays) dans lequel nous allons entrer nous considèrent comme des alliés bienvenus. Que nos relations avec eux soient bonnes et fructueuses. Que ces relations durent de nombreuses et heureuses années et qu'elles soient bénéfiques pour toutes les parties. Nous faisons appel à Anpu pour que nous ne nous perdions pas au cours de notre voyage, mais que nous soyons libres d'explorer et de trouver le chemin du retour en toute sécurité. Nous demandons à Seth de gouverner les événements de notre voyage. Que tout se déroule paisiblement et selon le plan prévu. Veillez à ce que le chaos soit tenu à l'écart. Que le temps soit également favorable aux objectifs de notre voyage, qu'il n'y ait pas d'interférence de la nature qui puisse entraver notre progression au cours de notre voyage. Merci à vous, Anpu, Seth et Hathor, de nous guider dans ce voyage et dans toutes les interactions que nous aurons autour de lui. Par le pouvoir d'Amon-Râ. Nous vous remercions.

. . .

### FERTILITÉ *pour les hommes*

Ô, Ausar et Aset, aidez-moi en ces temps difficiles. Aset, tu as donné vie à un phallus mort. S'il te plaît, donne la vie à mon phallus pour qu'il soit productif. Ausar, tu as engendré Horus alors que tu n'étais plus de ce monde et que ton phallus avait été avalé par un crocodile. Je t'en prie, imprègne-moi de la capacité que tu avais lorsque tu t'es accouplé avec Aset, de manière à ce que je sois productif même sous ta forme spirituelle. S'il te plaît, ressuscite en moi la capacité d'engendrer des enfants dans cette vie. Je vous remercie, Ausar et Aset, de m'inspirer en ce moment par l'exemple de votre capacité à vous reproduire même lorsqu'il semblait que tout espoir était perdu. Merci de me redonner espoir aujourd'hui. Je vous prie de me rendre fertile et de guider mes actions afin que je puisse, moi aussi, être le fier père d'une progéniture en bonne santé. Par le pouvoir d'Amon-Râ. Je vous remercie.

### FERTILITÉ *pour les femmes*

Ô, Hathor, mère splendide et protectrice des femmes, je te demande aujourd'hui de protéger mon utérus et les organes qui y sont associés. Je te demande de m'aider dans le processus de conception que je suis en train de vivre. Je te demande de me guider et d'apporter de la joie dans ma vie en rendant cette conception fructueuse. Je sais que j'utiliserai cet événement réussi pour incarner la gratitude que tu apportes au monde. Merci d'aimer les femmes, de les protéger et de leur offrir tant de beauté et de joie. Je demande maintenant que ma joie soit multipliée alors que je conçois la progéniture dont j'ai tant envie. Je te demande, Aset, de me guider dans ce processus afin que je puisse aussi allaiter ma progéniture de la même manière que tu as allaité Horus. Je te remercie d'être avec moi et de me guider dans ce processus. Par le pouvoir d'Amon-Râ. Je te remercie.

### Pour une célébration *réussie*

Hathor, toi qui apportes le plaisir, l'amour, l'amusement et la musique dans nos vies. Nous te demandons de te joindre à nous pour célébrer ce jour. Merci de nous donner l'occasion de célébrer. Que ce soit une occasion joyeuse pour tous ceux qui sont présents. Bénis chacun d'entre eux avec un sens de la gratitude, une âme remplie de rires et un désir de s'amuser. Qu'il y ait une profonde reconnaissance pour tous les participants à l'événement, et que chacun se sente pleinement inclus dans les activités entourant cette célébration. Je demande à Bastet de nous fournir de la bonne musique qui rende l'événement encore plus amusant pour toutes les personnes impliquées. Que cette musique devienne le point de départ de souvenirs inoubliables pour tous les participants. Que Maât soit présente à l'événement pour assurer l'harmonie entre tous et l'ordre dans les procédures. Par le pouvoir d'Amon-Râ, nous te remercions pour ce merveilleux événement.

. . .

### *Pour les examens, les thèses et autres écrits*

J'en appelle aujourd'hui à Djehouti. Toi qui es le dieu de l'écrit. Je te demande maintenant, Djehouti, de chasser le chaos de mon esprit comme tu chasses quotidiennement le chaos du bateau de Râ lorsqu'il traverse la Douat chaque nuit. Aide-moi à accomplir le travail qui m'attend avec un esprit clair et organisé, un esprit qui ne soit pas perturbé par les démons du doute et de l'oubli. Que mes écrits soient une expression claire et complète de mes idées bien réfléchies, et qu'ils apportent un éclairage aux lecteurs de mes mots. Qu'il n'y ait aucun doute quant à mon niveau intellectuel à la lecture des mots que j'écris ; au contraire, que ceux qui rencontrent ces mots soient éclairés et inspirés d'une manière nouvelle. Je prie également pour la sagesse de Nehemetaouay. Je suis dans le besoin aujourd'hui, et je demande votre soutien en tant que protecteurs de ceux qui sont dans le besoin. Je vous prie de me transmettre votre sagesse et de me permettre de partager l'impact de cette sagesse accrue avec ceux qui liront mes œuvres. Je vous remercie de votre aide et je reçois les bienfaits que vous me prodiguez aujourd'hui. Par le pouvoir d'Amon-Râ. Je vous remercie.

## RITUELS KÉMÉTIQUES DU MATIN, DU MIDI ET DU SOIR

Il est avantageux de faire de son mieux pour commencer la matinée avec une attitude de gratitude. Ayez le sentiment d'avoir un but pour la journée en maintenant votre concentration grâce au yoga et aux mots justes adressés à la divinité souveraine pour les objectifs de la journée. Quelques exemples sont donnés pour vous guider dans la création de vos propres rituels matinaux. Ces rituels comprennent des postures de yoga, des exercices de respiration et quelques mots de prière pour vous aider à vous concentrer sur la divinité et le but du rituel.

## INSUFFLER DE LA VIE DANS LA JOURNÉE

Prenez le temps de vous asseoir en silence. Inspirez en comptant jusqu'à quatre. Un, deux, trois, quatre. N'oubliez pas de respirer profondément avec votre diaphragme, de manière à ce que votre ventre s'étende lors de l'inspiration. Expirez ensuite en comptant jusqu'à quatre : un, deux, trois, quatre. Levez-vous et étirez vos bras au-dessus de votre tête. En même temps, soulevez vos talons de façon à vous tenir sur la pointe des pieds. Pendant que vos bras sont levés au-dessus de votre tête, inspirez et expirez en comptant jusqu'à quatre. C'est la position Shu, qui remplit vos poumons d'oxygène pour vous donner de l'énergie pour la journée.

Abaissez vos bras de façon à ce qu'ils pendent le long de votre corps et abaissez vos talons de façon à ce que vos pieds soient à plat sur le sol. Inspirez en comptant jusqu'à quatre avant d'expirer en comptant jusqu'à quatre. Réfléchissez à la journée qui vient de s'écouler par rapport à la respiration revigorante que vous venez de prendre. Quels sont les domaines de votre vie dans lesquels vous souhaitez insuffler de la vie aujourd'hui ? Dans cette position détendue, pensez à trois ou quatre domaines dans lesquels il est le plus important d'insuffler de la vie aujourd'hui. Maintenant, levez à nouveau les bras au-dessus de votre tête tout en soulevant vos talons de manière à vous tenir sur la pointe des pieds. En levant les bras, imaginez que vous soulevez le premier problème qui a besoin d'un souffle de vie pour la journée. Tout en soulevant le problème au-dessus de votre tête, dites à haute voix ou dans votre esprit : "Shu, je soulève ce problème devant toi aujourd'hui. Ce faisant, je déclare que je me débarrasse de toute anxiété que je pourrais avoir quant à sa résolution ou à son achèvement. Je déclare qu'en soulevant cette question devant toi, elle ne me concerne plus seulement, mais qu'elle te concerne aussi. Je vous remercie de porter le poids de cette question. Je vous demande de lui donner vie".

Lorsque vos bras sont complètement au-dessus de votre tête, repliez vos mains sur vos poignets aussi loin que possible. Votre posture doit être la même que si vous offriez quelque chose sur un plateau à quelqu'un de beaucoup plus grand que vous. Il s'agit de confier entièrement la question à Shu pour qu'il lui insuffle de la vie et vous débarrasse de toute préoccupation majeure. Inspirez en comptant jusqu'à quatre, puis expirez en comptant jusqu'à quatre, avant de ramener vos bras le long du corps et vos pieds au sol. Une fois que vous avez retrouvé une position détendue, inspirez et expirez à nouveau en comptant jusqu'à quatre avant d'élever votre prochaine préoccupation vers Shu.

## PAUSE REVITALISANTE DU MIDI

Si vous avez un emploi du temps chargé, vous constaterez souvent qu'en milieu d'après-midi, vous n'avez plus l'énergie nécessaire pour vous concentrer sur votre travail. Dans de telles situations, il est important de faire une pause et de se réinitialiser de manière à pouvoir travailler de façon optimale. Dans de telles circonstances, prenez une courte pause pour faire un exercice de respiration qui vous aidera à maximiser votre productivité une fois de plus.

Si vous vous trouvez dans un environnement qui vous le permet, prenez la position du lotus. Pour ce faire, asseyez-vous en tailleur, le dos droit et les paumes tournées vers le haut. Prendre le temps de faire cela vous rappelle qu'il est possible de se détacher des distractions qui vous entourent tout en restant concentré sur vos intentions pour la journée. Si votre environnement ne vous permet pas de vous mettre en position de lotus, trouvez une chaise où vous pouvez vous asseoir confortablement. Asseyez-vous en gardant le dos droit et les paumes des mains tournées vers le haut.

Faites entrer l'air dans vos poumons en inspirant par les narines. Lorsque vos poumons se remplissent, ne faites pas de pause entre les respirations, mais expulsez immédiatement l'air de vos poumons et de votre bouche. Contractez vos muscles abdominaux pour vous aider dans ce processus. Pendant que vous êtes assis dans cette position, continuez à inspirer et à expirer régulièrement de cette manière. Alors que d'autres exercices vous demandent d'inspirer et de retenir votre souffle avant d'expirer, celui-ci vous demande d'inspirer et d'expirer immédiatement. Les inspirations et les expirations doivent être de même durée. Par exemple, vous pouvez inspirer pendant une seconde et expirer pendant une seconde. Pendant une durée comprise entre deux et dix minutes, continuez à inspirer et à expirer continuellement sans interruption.

Tout en faisant votre exercice de respiration, concentrez-vous sur vos intentions positives pour la journée et sur la manière dont vous allez intégrer les lois de Maât dans le reste des activités de la journée.

Ce type de technique respiratoire est appelé *souffle de feu*. Elle vous revigore et peut même vous aider à soulager vos problèmes digestifs, le cas échéant. Si vous avez des problèmes avec vos poumons, votre cœur ou votre colonne vertébrale, vous devriez éviter d'utiliser cette technique de respiration, car une respiration rapide exerce une pression sur ces zones. Au lieu d'utiliser le souffle de feu, vous pouvez utiliser la technique de la respiration en boîte. Cette technique consiste à inspirer en comptant jusqu'à quatre, à retenir sa respiration en comptant jusqu'à quatre, à expirer en comptant jusqu'à quatre et à retenir à nouveau sa respiration en comptant jusqu'à quatre. Méditez sur les lois de Maât. Bien que la respiration en boîte ne vous revigore pas autant que le *souffle de feu*, vous serez en mesure de mieux concentrer votre esprit qu'avant votre baisse d'énergie. Vous pourrez alors utiliser cette nouvelle concentration pour obtenir les résultats que vous souhaitez pour la journée.

## RITUEL DU SOIR

Terminez bien votre journée afin que votre âme puisse passer en toute sécurité dans le monde des rêves chaque nuit. Vous voudrez peut-être vous débarrasser de tout ce qui, au cours de la journée, a pu vous distraire ou vous perturber par rapport à votre objectif. Trouvez un endroit tranquille pour vous allonger sur le dos et réfléchir à votre journée. Dans cette posture de momie, les bras détendus le long du corps, évaluez les événements de votre journée à l'aune des lois de Maât. Si le meurtre, le vol avec violence et le manque de respect envers les défunts sont faciles à éviter pour la plupart des gens, qu'en est-il des lois que vous avez l'occasion d'enfreindre quotidiennement ? Il s'agit notamment des lois relatives au fait de se placer sur un piédestal (loi 37), de parler avec colère ou arrogance (loi 35), de souhaiter du mal à quelqu'un (loi 36), de se mêler des affaires d'autrui (loi 30), d'enjoliver la vérité (loi 31), d'écouter aux portes (loi 18) et de mentir (loi 8). Ce ne sont là que quelques-unes des lois de Maât qui vous aideront si vous êtes suffisamment consciencieux pour les respecter.

Examinez les réponses que vous avez apportées à chaque situation qui s'est présentée à vous au cours de la journée. Cela vous aidera à identifier les domaines dans lesquels vous n'avez pas réussi à aligner vos actions quotidiennes sur votre intention de vivre dans la Maât. Une fois que vous avez identifié ces moments, ne vous jugez pas sévèrement. Sachez plutôt que même si vous n'avez pas réussi à vivre en Maât ce jour-là, votre âme vous guidera pour surmonter les obstacles à venir. Soyez reconnaissant d'avoir la capacité d'identifier ces domaines et réfléchissez aux solutions et aux réponses qui auraient pu mieux servir le moment présent. Pardonnez-vous de ne pas avoir pris ces mesures, sachant qu'au moment où l'occasion s'est présentée, vous n'étiez pas conscient des options qui s'offraient à vous. Soyez reconnaissant pour la sagesse que vous avez acquise pendant ce moment de réflexion. La sagesse expérimentale fournit des connaissances que vous pouvez appliquer à un stade ultérieur de votre vie si des situations similaires se présentent à nouveau. Soyez reconnaissant que votre âme vous guide dans les aspects difficiles de votre vie.

En réfléchissant à la façon dont votre âme vous guide dans la vie, passez de la position de la momie au repos à la position du poisson. Pour ce faire, glissez vos paumes orientées vers le haut sous vos cuisses. Levez ensuite votre torse du sol, votre corps étant soutenu par vos coudes qui s'appuient sur le sol. Dans cette position, inspirez profondément et expirez. Vous trouverez cela facile à faire car la position élargit la capacité de votre poitrine. Continuez à inspirer et à expirer lentement jusqu'à ce que vous l'ayez fait cinq fois. Redescendez doucement votre corps sur le sol. Reprenez la position de la momie, en déplaçant les bras le long du corps. Inspirez et expirez à nouveau. Ce faisant, remerciez les Ntrs (Neteru) pour le soutien qu'ils ont apporté à vos activités tout au long de la journée. Si vous n'arrivez pas à trouver des raisons d'être reconnaissant, pensez au fait que vous êtes en vie et capable de respirer. Considérez le fait que vous êtes dans un voyage spirituel qui vous fait progresser chaque jour vers un état d'illumination. Soyez-en reconnaissant. Une fois que vous avez épuisé le moment de méditation sur votre journée, vous pouvez vous redresser doucement. Vous pouvez maintenant aborder le reste de votre soirée avec un regard neuf.

# ƧЕКНМЕТ

# 9

# *BONUS* LE YOGA KÉMÉTIQUE POUR DYNAMISER VOTRE PRATIQUE MODERNE

S mai Tawi, ou yoga kémétique, est une discipline qui s'inspire de l'histoire de la création kémétique ainsi que des postures des dieux kémétiques (Ntr) représentés sur les murs des temples et les papyrus. Bien que les postures qui l'inspirent soient visibles par l'humanité depuis des milliers d'années, ce n'est que récemment que la pratique a été reconstruite sous la forme d'une série de postures de yoga. En pratiquant ces postures, vous pouvez renforcer vos muscles centraux et améliorer votre souplesse. Les poses en elles-mêmes sont un moyen de maintenir le corps en bonne santé. Cependant, comme pour toutes les pratiques kémétiques, la pratique de Smai Tawi ne se limite pas à plier, étirer et tordre le corps. Il est utilisé en conjonction avec d'autres activités de style de vie afin d'améliorer la santé générale. Cela inclut le bien-être spirituel associé à d'autres activités telles que boire beaucoup d'eau et adopter un régime alimentaire à base de plantes qui favorise la santé du corps. L'utilisation de ces postures, associée à un travail sur la respiration, vous permet de concentrer votre énergie sur le maintien de l'équilibre intérieur qui est une partie essentielle du voyage spirituel.

Lorsque vous combinez les postures avec une exposition quotidienne au soleil, entre 10 et 20 minutes, vous créez les conditions optimales pour que votre corps s'épanouisse. Le soleil donne de l'énergie à votre corps et l'exposition quotidienne à ses rayons permet à votre corps de produire de la vitamine D qui combat la maladie. Le soleil-Râ, la respiration-Shu et les poses de yoga inspirées par les différents dieux et déesses placeront votre corps dans l'alignement de son équilibre naturel. Cet état corporel vous permet d'avoir l'état d'esprit adéquat pour faire face aux défis quotidiens de la vie. Le processus du yoga kémétique vous oblige à méditer sur l'histoire de la création et sur les dieux et déesses à chaque pose et à chaque transition vers la pose suivante. L'ajout de cette attitude méditative fait du yoga kémétique la pratique idéale pour maintenir le corps, l'esprit et l'âme en bonne santé.

# SHTI - LA MOMIE

La pose de la momie est une position de base pour de nombreuses autres poses. Cela s'explique par le fait que cette posture est à la fois le début et la fin de quelques autres postures, reflétant ainsi la position de début et de fin de la vie elle-même. En tant que début, elle incarne le potentiel. Nous ne savons jamais ce qu'une nouvelle vie va devenir ; c'est pourquoi il est excitant d'être témoin de cette étape. C'est une étape où les possibilités sont multiples, car les choix qui limitent et orientent notre croissance n'ont pas encore été faits. Exécutée à la fin, la pose Shti représente un corps qui a été préparé pour la résurrection. Cette pose est prise à la fin d'une vie qui a été pleinement vécue. Tout le potentiel a été exprimé à travers les différentes décisions prises et les actions entreprises. En regardant un corps qui a été préparé pour la résurrection, on sait qu'il n'y a que peu de surprises qu'il peut nous réserver. La pose est un symbole de la résurrection d'Asar par Aset. En ressuscitant Asar, Aset surmonte la jalousie et l'ignorance de Seth en utilisant la sagesse pour ramener Asar à la vie. Lorsque nous regardons les corps des hommes et des femmes de notre époque au moment où leur vie s'achève, nous croyons et espérons qu'ils seront ressuscités dans l'au-delà. Ils ont épuisé leur potentiel sur terre et un nouveau niveau de potentiel les attend dans l'au-delà. Par conséquent, leur fin est semblable à leur début. Ils auront terminé un chapitre de tout ce qu'ils connaissent, mais ils ne sont plus qu'à un pas d'un nouveau chapitre, d'un recommencement et de l'inconnu avec de nouvelles possibilités une fois de plus.

Allongez-vous sur le dos, les pieds écartés de la largeur des épaules. Pensez à l'énergie de l'univers qu'Aset a utilisée pour donner vie à Asar. Imaginez que cette énergie est dirigée vers vous avec amour et compassion. Inspirez et expirez en sentant cette énergie universelle vous étreindre et ne faire qu'un avec elle. Pendant que vous êtes allongé, dirigez l'énergie universelle vers toute partie de votre corps qui a besoin d'être guérie.

## LE LOTUS

La pose de la momie se transforme en pose du lotus. Ces deux poses se combinent pour symboliser le passage de la mort à la vie, qui est le début de la création. La pose du lotus s'inspire de la magnifique fleur de lotus. Le lotus se trouve souvent dans des eaux boueuses, mais il se tient droit et intact. Il continue d'exhiber sa beauté en dépit de son environnement. Cette pose nous rappelle que nous devons rester détachés des distractions du monde qui nous entoure et que nous devons rester fidèles à notre véritable objectif, à savoir l'alignement avec le divin par la méditation et l'étude des pratiques spirituelles.

Pour réaliser ce mouvement, il faut commencer par imaginer le monde avant la création. Vous pouvez alors vous élever des eaux mortes du chaos jusqu'à la tranquillité de la fleur de lotus. Commencez donc par vous allonger sur le dos, les bras détendus le long du corps. Restez parfaitement immobile, les yeux fermés. Inspirez et expirez en pensant à tout le potentiel que vous avez en vous pour créer. Ce potentiel est la capacité de faire quelque chose de beau à partir du chaos qui existait avant la création. Restez dans cette position pendant deux minutes avant de vous asseoir dans la position du lotus.

Pour la position du lotus, asseyez-vous en tailleur sur votre tapis de yoga, chaque pied replié sous le mollet de la jambe opposée. Gardez le dos droit et posez vos avant-bras sur vos genoux, les paumes tournées vers le haut.

Si vous êtes très souple, vous pouvez croiser les jambes de manière à ce que vos pieds reposent sur vos cuisses.

Si vous avez des difficultés à vous asseoir les jambes croisées, tenez-vous droit, les genoux repliés sous le corps, de manière à ce que votre dos soit aligné avec vos talons. Posez vos poignets sur vos cuisses de façon à ce que vos paumes soient tournées vers le haut.

Dans cette position, le corps est centré et les chakras (ou centres énergétiques) situés le long de la colonne vertébrale sont alignés.

Les deux positions de ce mouvement sont propices à la méditation et à la réflexion pendant les exercices de respiration.

Lorsque vous faites vos exercices de respiration, évitez les respirations rapides et superficielles qui soulèvent les épaules et élargissent la poitrine. Ces mouvements ne doivent se produire que si les exercices de respiration intègrent spécifiquement ces actions. Vous devriez plutôt pratiquer la respiration diaphragmatique. Pour ce faire, inspirez par le nez de manière à ce que votre ventre se gonfle. Retenez votre souffle dans l'abdomen pendant deux secondes, puis expirez par la bouche.

## NEFERTEM SUR LE LOTUS

Cette posture est inspirée par Horus, l'enfant divin de la création, lorsqu'il est sous la forme de Néfertoum ou Nefertem. Au cours du processus de création, Horus est assis sur une fleur de lotus tandis que la conscience divine crée l'univers par le biais de vibrations sonores.

Pour prendre cette posture, commencez par la position du lotus. Ensuite, levez votre index pour pointer votre bouche, d'où émane le son. Ramenez votre main sur vos genoux et récitez les noms des dieux et des déesses dans l'ordre de leur ascension sur l'arbre de vie : Heru Ur, Nebthet, Seth, Aset, Asar, Nout, Tefnout, Geb, Shu, Het Heru, Maât, Râ. Pendant le processus, prenez le temps de regarder autour de la pièce. Concentrez-vous sur chaque objet de la pièce. Rappelez-vous que chaque objet physique sur lequel vous posez les yeux a été créé à partir de la matière primitive. Fermez maintenant les yeux et imaginez que vous avez assumé les qualités de Horus sous sa forme d'enfant, Nefertem. Imaginez qu'en nommant les dieux et les déesses de l'histoire de la création, vous les avez créés pour qu'ils puissent prendre leur place dans l'univers. Sous cette forme de Néfertem, assis au sommet de la fleur de lotus, insouciant du chaos qui vous entoure, commencez à vous imaginer en train de créer votre univers selon vos désirs. Maintenant, après avoir créé votre univers idéal, vous vous détachez de lui, comme une fleur de lotus immaculée au milieu d'un lac marécageux. Votre perfection n'est pas affectée par votre environnement. Même si le monde qui vous entoure est en proie au chaos, vous continuez à incarner les qualités que vous êtes né pour exprimer.

## NOUN

Cette pose s'inspire de l'acte de Râ émergeant des eaux du Noun lors du processus de création.

Comme Râ est un dieu qui est en équilibre et qui unifie les opposés, commencez cette posture dans une position accroupie également équilibrée. Gardez vos pieds parallèles l'un à l'autre et vos paumes pressées l'une contre l'autre devant votre poitrine. Inspirez en vous imaginant dans un alignement total sous les eaux du Noun. Expirez. Inspirez et expirez à nouveau, sachant que vous avez en vous le potentiel de création. Ce potentiel de création est le même potentiel énergétique qui a été utilisé pour créer l'univers.

Calmez votre esprit de toute pensée chaotique qui pourrait apparaître et levez-vous. En vous levant, vous passerez d'abord d'une position accroupie à une position semi-accroupie. Pendant que vous vous levez, commencez à inspirer et à écarter les bras dans un mouvement ascendant de façon à ce que vos paumes se trouvent de chaque côté de votre tête. Vos coudes doivent être pliés de manière à ce que vos bras soient parallèles au sol et que vos avant-bras soient parallèles de part et d'autre de votre tête.

Expirez tout en pliant légèrement les poignets vers l'arrière de façon à ce que vos paumes semblent pousser vers le ciel. À ce stade, terminez la pose en effectuant le deuxième mouvement. Vous devez alors continuer à vous lever pour atteindre la position debout.

## ÉCHAUFFEMENT

Cette pose d'échauffement est une préparation à la séparation du ciel (Nout) et de la terre (Geb).

- Commencez votre échauffement en vous tenant debout, les pieds écartés à la largeur des épaules et les bras tendus. Tournez le haut de votre corps de manière à regarder derrière vous à chaque rotation. Inspirez en tournant vers la droite et expirez en tournant vers la gauche. À chaque rotation du corps, sentez l'air circuler autour de vos mains et de vos bras.
- Placez maintenant vos mains sur votre taille et penchez-vous sur le côté gauche. Sentez l'étirement le long du côté droit de votre torse. Penchez-vous ensuite de l'autre côté pour équilibrer l'effet sur votre corps.
- Penchez-vous ensuite légèrement vers l'arrière avant de vous pencher vers l'avant au niveau de la taille, tout en gardant les mains sur la taille. Faites cela quatre fois dans chaque direction.
- Ensuite, penchez-vous vers l'avant à partir de la taille et commencez à vous incliner vers la gauche avant de vous incliner vers l'arrière, puis vers la droite et à nouveau vers l'avant. Le corps effectue ainsi un mouvement circulaire dans le sens des aiguilles d'une montre. Lorsque vous avez effectué le mouvement trois fois, répétez

l'activité, mais cette fois-ci dans le sens inverse des aiguilles d'une montre. Ensuite, penchez-vous en avant et inclinez votre corps vers la droite. Continuez ainsi jusqu'à ce que vous ayez effectué un mouvement circulaire du torse.

- Ramenez vos paumes devant votre poitrine dans la posture du Hotep, qui imite une position de prière. Inspirez profondément, en imaginant que vous inspirez la paix. Expirez ensuite profondément. Imaginez que vous expirez toute la tension de votre corps. Répétez le processus trois fois, en veillant à maintenir une respiration diaphragmatique tout au long du processus.

- Laissez maintenant vos mains sur les côtés pour vous préparer à des mouvements d'étirement de la nuque. Pour commencer à étirer votre cou, penchez la tête vers l'avant afin de sentir les muscles s'étirer à l'arrière du cou. Regardez ensuite vers le haut pour laisser tomber votre tête en arrière de manière à étirer la région de la gorge. Inclinez ensuite la tête vers l'oreille gauche afin d'étirer le côté droit du cou. Ensuite, inclinez votre tête vers l'oreille droite afin d'étirer le côté gauche du cou. Faites cela quatre fois dans chaque direction pour vous assurer que votre cou est correctement étiré à l'avant, à l'arrière, à gauche et à droite.

- Faites quatre fois le tour de la tête vers la gauche, puis quatre fois le tour de la tête vers la droite.

# SHU

Shu a créé le ciel - Nout- et la terre - Geb - et est l'espace entre les deux sous la forme de l'air ou de l'éther. Combiné à l'humidité - Tefnout - l'air devient l'énergie vitale connue sous le nom de Sekhem.

Cette position de yoga met donc l'accent sur la respiration et l'espace entre la terre et le ciel, de la même manière que le dieu Shu a séparé la connexion initiale entre Geb et Nout.

En position debout et détendue, levez les bras au-dessus de la tête. Pendant l'exercice, inspirez profondément et levez-vous pour vous mettre sur la pointe des pieds. Expirez ensuite tout en abaissant vos talons de manière à ne plus vous tenir sur la pointe des pieds, mais à vous remettre debout, les pieds à plat sur le sol. En même temps, ramenez vos bras le long du corps. Pendant l'expiration, prononcez le nom de Shu pour qu'il corresponde à l'air que vous expirez. Visualisez-vous comme ne faisant qu'un avec l'univers et comme le créateur de votre existence.

## LE VOYAGE DE RÂ

Atum Râ - également connu sous le nom de Tem ou Atum - est le soleil couchant. Il représente le moment où Nout, le dieu des cieux, se livre à la consommation quotidienne de Râ. Une fois consommé, Râ doit voyager à travers le Douat, le monde souterrain. Là, il se bat avec les entités du monde souterrain jusqu'à ce qu'il devienne Râ Khépri, le soleil levant, où Nout lui donne naissance à l'est.

Le voyage quotidien de Râ dans le monde souterrain inspire une série de postures qui démontrent que le processus de création est une activité continue qui imprègne tous les aspects de notre vie. Six postures sont indiquées. Elles doivent être exécutées l'une après l'autre pour compléter la série. Une fois qu'elles ont été effectuées, elles sont répétées en sens inverse pour créer un total de 12 postures. Le fait que la série consiste en 12 postures est symbolique des 12 portes que Râ doit franchir lors de son voyage quotidien dans le Douat (le monde souterrain. L'endroit où Râ se rend entre le coucher et le lever du soleil).

Il est recommandé que votre attitude mentale pendant l'exécution de cette série soit une attitude de paix, de service à soi-même et de constance. Ces attributs sont le reflet de Râ qui se bat chaque nuit dans le monde souterrain pour apporter quotidiennement sa force vitale à la création.

- Commencez la série en position debout. Placez vos mains devant vous, paumes jointes, en mode prière pendant que vous expirez.

- Levez les bras devant vous, puis au-dessus de votre tête en inspirant. Maintenant, en arquant le haut du dos, penchez votre torse vers l'arrière et tendez les mains vers Râ - le soleil.

- Expirez maintenant en vous penchant vers l'avant, en amenant le soleil avec vous, en l'accélérant vers le coucher du soleil à mesure que vous vous penchez vers l'avant. En vous penchant vers l'avant, gardez le dos droit et les bras tendus vers l'avant de chaque côté du cou.
- Continuez à vous pencher en avant jusqu'à ce que vous soyez replié sur vous-même, avec vos mains de chaque côté de vos chevilles. Si vous êtes suffisamment souple pour le faire, posez vos

mains à plat sur le sol de chaque côté de vous
pour symboliser la descente aux enfers de Ra.

- Tout en inspirant, tendez votre jambe droite
  derrière vous, en abaissant votre corps. Utilisez
  vos paumes ou le bout de vos doigts pour vous
  maintenir au sol tout en étirant votre torse vers
  le haut et en regardant vers le ciel.

- Ensuite, ramenez votre tête vers le bas de façon
  à ce que votre visage soit orienté vers le sol.
  Tout en retenant votre respiration, poussez
  votre jambe gauche vers l'extérieur de façon à ce
  qu'elle soit parallèle à la jambe droite. Gardez la
  tête baissée entre vos bras tandis que vos talons

reposent à plat sur le sol, ce qui permet d'étirer le haut et le bas du corps. Votre corps formera un V inversé, ce qui correspond à la posture de Nout. Ce point de la série symbolise le moment où la déesse Nout consume le soleil, Râ, avant son voyage dans le monde souterrain de Douat.

- Expirez en vous abaissant vers le sol, les genoux en premier. Arquez le bas de votre dos tout en abaissant votre poitrine vers le sol. Placez vos mains, paume vers le bas, de chaque côté de votre poitrine pour soutenir votre corps. Si vous vous sentez suffisamment à l'aise, vous pouvez également baisser votre front vers le sol en plus de votre poitrine. Cela signifie le début du voyage dans le monde souterrain.

- Ramenez votre taille et votre bassin vers le sol en inspirant. En même temps, poussez sur le sol avec vos paumes tout en cambrant votre dos et en gardant vos coudes pliés et près de votre corps. C'est la posture du cobra. Pendant la posture du cobra, vous devez garder votre attention sur le point situé entre vos sourcils, le troisième œil, qui est le sixième centre d'énergie. À ce stade, vous êtes à mi-chemin du voyage de Râ.

- Pour commencer la deuxième partie du voyage, soulevez la moitié de votre corps pour revenir dans la position du V inversé. Une fois dans

cette position, expirez en pressant vos talons et
votre front vers le sol.

- Ensuite, avancez votre pied droit de façon à ce
  qu'il se trouve entre vos mains. En même temps,
  inspirez en courbant le cou vers l'arrière de
  façon à ce que votre visage regarde le ciel.
  Poussez le bassin vers le sol pour vous permettre
  de bien vous étirer.

- Avancez votre pied gauche pour rejoindre votre
  pied droit. Expirez en laissant votre tête pendre
  et votre corps se pencher. Vos bras et votre cou
  doivent être presque parallèles et vos paumes
  doivent être aussi plates que possible sur le sol.

- Debout, levez les mains au-dessus de la tête en inspirant. Levez les mains au-dessus de la tête et reculez. Dans cette position, vous élèverez symboliquement Râ dans le ciel, où il prendra sa position de soleil levant - Râ Khépri.

- Expirez en ramenant vos bras vers le bas et en adoptant une position de prière. Laissez tomber vos bras sur les côtés. Vous avez terminé un cycle du voyage.

Répétez l'ensemble du parcours en vous concentrant sur votre jambe gauche plutôt que sur votre jambe droite. Vous pouvez répéter ce processus six à huit fois. Le meilleur moment pour faire cette séquence est le matin à la première heure. Lorsque vous avez terminé le nombre de répétitions que vous souhaitiez faire, prenez la pose de la momie.

## SUPPORT D'ÉPAULE

Cette position est également connue sous le nom d'épaule de Geb. Geb est la terre. Lorsque la terre se sépare du ciel, ou lorsque Geb se sépare de Nout, il effectue plusieurs exercices. Le support d'épaule et l'exercice de la charrue qui le suit sont des exercices qui s'enchaînent. Ils font partie des autres exercices terrestres effectués par Geb.

Commencez cet exercice en vous allongeant sur le dos, les bras le long du corps. Levez les jambes tout droit en les gardant parallèles l'une à l'autre. Utilisez vos mains pour soutenir votre dos au niveau de la taille, en laissant vos épaules supporter le poids de votre corps.

Cette posture est bénéfique pour l'ensemble du corps. Cependant, elle vous aidera particulièrement à renforcer votre dos, votre colonne vertébrale et votre cou. Elle est également bénéfique pour les centres d'énergie supérieurs du corps spirituel.

## LA CHARRUE

À partir de la position des épaules, amenez doucement vos jambes au-dessus de votre tête de façon à ce que vos orteils touchent le sol au-dessus de votre tête. Si vous n'êtes pas assez souple pour toucher le sol avec vos orteils, ne forcez pas. Tendez vos jambes jusqu'à ce qu'elles dépassent votre tête. Vous gagnerez en souplesse avec le temps.

Ramenez les bras le long du corps et maintenez la position pendant cinq secondes. Déroulez vos jambes jusqu'à ce que vous soyez à nouveau allongé sur le dos.

## LA ROUE

La posture de la roue renforce le dos, les bras et les jambes.

Allongez-vous sur le dos, les genoux pliés et la plante des pieds à plat contre le sol et près des fesses. Levez les bras au-dessus de la tête. Placez vos mains sur le sol au-dessus de votre tête, les doigts dirigés vers les orteils et les paumes à plat contre le sol. Inspirez en soulevant votre corps du sol en poussant contre le sol à l'aide de vos mains et de vos pieds. Maintenez la position aussi longtemps que vous le pouvez. Expirez en ramenant lentement votre torse au sol. En vous allongeant sur le sol, inspirez et expirez profondément en méditant sur Geb et Nout réunis avant la séparation du ciel et de la terre.

## LE POISSON

Il est préférable de prendre cette pose après les poses des épaules et de la charrue. Cela permet d'équilibrer les effets sur le corps.

Pour commencer cette posture, allongez-vous sur le dos, les bras le long du corps, dans la position de la momie. Placez vos mains à côté de vos cuisses, les paumes tournées vers le haut. Faites glisser vos mains juste sous le bord de vos cuisses et soulevez le haut de votre corps de manière à vous appuyer sur vos coudes. Levez le torse de façon à ce qu'il soit inversé, avec la poitrine qui dépasse et la tête qui s'étend vers l'arrière pour toucher le sol.

Dans cette position, où la tête, les coudes et les fesses touchent le sol alors que la poitrine est étendue, les poumons peuvent se développer au maximum de leur capacité. Par conséquent, à partir de cette position, prenez cinq respirations abdominales profondes. Inspirez et expirez lentement tout en veillant à ce que le bas de votre corps soit à l'aise.

La pose du poisson nous rappelle les deux poissons qui accompagnaient le bateau de Râ lorsqu'il naviguait sur les eaux du Noun pendant le processus de création. En respirant, pensez à votre moi supérieur et à la façon dont il vous guide dans votre voyage spirituel vers l'illumination.

Une fois l'exercice de respiration terminé, ramenez la tête vers la poitrine et descendez sur les coudes pour revenir à la position de la momie. Une fois dans la position de la momie, respirez profondément dans votre poitrine et expirez.

## FLEXION AVANT

Depuis la position de la momie, asseyez-vous bien droit, les pieds tendus devant vous. Veillez à vous positionner de manière à vous asseoir sur votre os pelvien. Fléchissez vos pieds de manière à ce que vos orteils soient dirigés vers votre torse.

Faites cela trois fois : levez les bras au-dessus de votre tête en inspirant, puis redescendez-les en expirant. Chaque fois que vous redescendez les bras, tendez le bras vers l'avant pour toucher vos orteils tout en gardant le dos droit. En vous penchant, pensez à Nout, qui se penche sur la terre et enferme l'atmosphère ; Shu et Tefnout créent la force vitale dans l'arc de son corps lorsqu'elle se penche vers la terre (Geb).

Une fois que vous avez effectué les trois répétitions,

allongez-vous lentement sur le dos et prenez la position de la momie.

La flexion avant étire toute la colonne vertébrale et masse les organes internes tels que les reins, le système digestif et le foie.

# TORSION DE LA COLONNE VERTÉBRALE

La colonne vertébrale permet au corps de fonctionner harmonieusement en agissant comme un conduit entre le cerveau et le reste du corps.

Commencez cet exercice en position assise, les deux jambes tendues devant vous. Pliez le genou de la jambe droite tout en soulevant le pied droit et en le plaçant au-dessus et à côté du genou gauche. Placez votre main gauche sur le sol derrière vous tout en tournant votre corps et en regardant derrière vous par-dessus votre épaule gauche. Posez votre main droite sur votre genou droit. Faites reculer votre main gauche en la déplaçant vers l'arrière sur le sol. Ce faisant, vous sentirez un étirement sur le côté gauche de votre torse. Inspirez et expirez dans cette position avant de ramener votre main vers le corps et de tourner votre corps vers l'avant, les jambes tendues devant vous. Tournez maintenant votre colonne vertébrale dans l'autre sens en soulevant le pied de votre jambe gauche et en le plaçant par-dessus la jambe droite. Placez votre main gauche sur votre genou gauche. Pendant ce temps, soutenez votre corps en plaçant votre main droite sur le sol. Penchez votre corps vers l'arrière pour étirer le côté droit de votre corps pendant que vous déplacez votre main droite vers l'arrière. Une fois que vous avez lentement inspiré et expiré, revenez à la position face à l'avant, les jambes étendues devant vous.

# SELKET

Selket est la déesse du scorpion. Le scorpion a le pouvoir de protéger en infligeant de la douleur. Dans l'histoire de la création, Râ a envoyé sept scorpions pour protéger Aset en fuite alors que Seth essayait de la tuer.

Pour faire la pose du scorpion, commencez par vous allonger sur le ventre, le front touchant le sol. Les mains jointes, tendez les bras devant vous. Inspirez en soulevant la jambe gauche et expirez en la ramenant vers le bas. Répétez l'opération avec la jambe droite. Maintenant, soulevez doucement les deux jambes ensemble, en inspirant lorsque vous levez les jambes et en expirant lorsque vous les ramenez vers le bas.

Vous pouvez répéter l'exercice en plaçant vos bras sous votre corps plutôt qu'en les étalant devant vous.

Cet exercice est bénéfique pour le bas du dos.

## SEBEK

Sebek est un dieu crocodile qui représente le pouvoir de la nature. Sebek est associé au deuxième centre énergétique. Les crocodiles étaient considérés comme les animaux les plus puissants de l'Égypte ancienne. Dans l'histoire de la création, le crocodile aidait Asar.

Allongez-vous face contre terre, les bras pliés placés les paumes vers le bas de chaque côté de votre tête. Amenez le genou gauche vers le coude gauche. Redressez la jambe gauche, puis ramenez le genou droit vers le coude droit avant de le redresser. Répétez cet exercice trois à cinq fois, en alternant les deux jambes. Une fois l'exercice terminé, revenez en position assise et bougez vos épaules et votre dos pour éliminer toute tension qui pourrait s'y trouver.

# ARAT

Arat Sekhem est le "pouvoir du serpent". Il est représenté par Uræus, le cobra. Le cobra est lié à la résurrection d'Asar dans l'histoire de la création. Par conséquent, lorsque vous prenez la pose, pensez au pouvoir de la résurrection dans votre corps. Soyez également attentif à l'énergie d' Uræus qui s'élève du coccyx au front lorsque vous atteignez la conscience spirituelle. Dans la spiritualité égyptienne, il s'agit du mouvement de l'énergie d'Asar le long de l'arbre djed qui sort du cercueil dans lequel son frère l'avait enfermé. Dans le yoga pratiqué en Inde, l'énergie montante d'Uræus est appelée *Kundalini*.

Allongez-vous sur le ventre, les mains placées paume vers le bas sous les épaules et le front touchant le sol. Inspirez en soulevant votre poitrine du sol sans utiliser vos mains pour vous soulever. Expirez en relâchant votre corps vers le bas de manière à ce que votre front touche à nouveau le sol. Reposez-vous un instant avant de recommencer. Faites cela trois fois avant de pousser votre corps vers le haut avec vos mains, aussi haut que vous le pouvez, et maintenez la position aussi longtemps que cela vous est confortable. Ensuite, détendez votre corps jusqu'au niveau du sol.

Cet exercice renforce la région thoracique. Il est associé à la colonne vertébrale et au développement des centres énergétiques du corps. Il est également lié à l'élévation de la conscience et des niveaux d'énergie psycho-spirituelle du corps.

# HOREMAKHET - LE SPHINX

Le Sphinx est lié aux dieux Seth et Apuat et représente un être humain qui a atteint l'illumination tout en gardant le contrôle de son moi spirituel inférieur. En prenant cette posture, visualisez que votre pouvoir est aussi grand que celui d'un lion, embrassant l'alignement complet de votre esprit, de votre corps et de votre âme. C'est le pouvoir du Sphinx.

Mettez-vous à genoux en vous appuyant sur vos talons. Penchez-vous ensuite vers l'avant, les mains tendues devant vous, en utilisant vos coudes pour soutenir votre corps. Ensuite, redressez vos coudes afin de soulever le haut de votre corps. Vous devriez sentir les effets de renforcement sur votre dos. Redescendez sur vos coudes et répétez l'exercice.

## HERU-HORUS

Heru équilibre le moi supérieur et le moi inférieur tout en défendant la vérité, la justice et l'honneur. Il vainc l'injustice, la mort et l'ignorance. Dans l'histoire de la création, il a vaincu Seth, qui n'était pas éclairé - l'ignorance et l'injustice. Il a également contribué à la résurrection de son père, Asar.

Tenez-vous droit, les bras le long du corps. Dans cette position, voyez-vous comme une pyramide forte et inébranlable. À partir de cette position de force, imaginez-vous comme l'artisan de votre destin et le rédempteur de votre âme. Imaginez que vous possédez toutes les qualités de Heru, comme l'équilibre entre le moi supérieur et le moi inférieur, tout en défendant l'honneur et la justice.

## SÉRIE HENU

Il s'agit d'une série de poses qui rendent hommage à Anpu, Heru et Seth. Cette série symbolise la joie et la louange.

En position debout, posez le genou droit au sol et le genou gauche vers le ciel.

Tendez votre main gauche orientée vers le haut en l'éloignant de votre corps. En même temps, tenez votre main droite avec le poing près de votre poitrine.

Serrez le poing de la main gauche et ramenez-le sur votre poitrine. Levez ensuite la main droite vers le ciel, le coude plié à angle droit par rapport au sol.

Revenez à la position debout et répétez l'exercice en utilisant les membres opposés.

## NOUT

Nout est le ciel qui entoure l'éther et s'étend jusqu'à l'horizon de la terre.

Pour commencer l'exercice, tenez-vous debout, les bras levés au-dessus de la tête. Inspirez. Expirez ensuite en vous penchant vers l'avant, en vous abaissant lentement jusqu'à ce que vous puissiez saisir vos chevilles. Si vous devez plier les genoux pour atteindre vos chevilles, faites-le. Ensuite, posez vos mains sur le sol et avancez-les de manière à créer un V inversé avec votre corps. Inspirez et expirez lentement avant de ramener vos mains vers vos chevilles et de revenir à la position debout, les bras levés au-dessus de la tête.

Visualisez Nout sous la forme d'un ciel qui s'étend sur la terre pendant que vous faites cet exercice.

## MAÂT

Maât est la déesse de l'équilibre qui pèse l'âme de chaque individu pour déterminer s'il est suffisamment digne de passer dans l'au-delà.

Tenez-vous debout, les pieds écartés sur la largeur des épaules et les bras tendus de chaque côté. Agenouillez-vous de manière à ce que votre genou gauche touche le sol tandis que votre genou droit pointe vers le haut, le pied droit étant fermement posé sur le sol. Tournez votre corps vers la gauche. Tournez la tête vers la droite et faites pivoter votre corps de manière à ce que votre bras droit soit directement au-dessus de votre genou droit. Dans cette position, inspirez et expirez lentement tout en réfléchissant aux domaines de votre vie dans lesquels vous faites preuve d'un sens de l'équilibre.

Relevez-vous et répétez l'exercice pour l'autre côté du

corps. Cette fois, tournez la tête vers la gauche et agenouillez-vous, le genou gauche pointant vers le ciel. Lorsque vous tournez votre corps, faites-le de manière à ce que votre bras gauche soit au-dessus de votre genou gauche.

Pendant l'exercice, réfléchissez à la manière dont vous allez incarner les principes de Maât dans votre vie. Ces principes sont la vérité, la droiture et la justice.

# LES AILES D'ASET - LA POSTURE DE LA VICTOIRE

Aset est la fille de Nout et l'épouse d'Asar. Elle incarne la sagesse spirituelle et intellectuelle.

Tenez-vous debout, les pieds joints. Inspirez en tendant les bras de chaque côté. En expirant, descendez sur le genou gauche. Gardez votre pied droit à plat sur le sol de façon à ce que votre genou droit soit plié et pointe vers le ciel. En position agenouillée, abaissez votre corps de manière à vous asseoir presque sur votre pied gauche. Inspirez et expirez dans cette position. Ensuite, levez-vous et répétez l'exercice avec le genou gauche pointé vers le haut.

## ASET ASSISE – LA POSTURE DU TRÔNE

Aset représente le corps physique qui soutient l'essence spirituelle Asar. Ce faisant, Aset est le trône qui fournit à l'être spirituel un moyen physique de se manifester sur terre.

Mettez les bras devant vous, les paumes tournées vers le bas. Pliez les genoux et abaissez votre corps comme si vous étiez en train de vous asseoir sur un trône. Descendez votre corps jusqu'à ce que vous soyez à l'aise.

Visualisez la déesse Aset qui vous soutient dans cette posture. Inspirez et expirez. Relevez-vous et répétez l'exercice.

## L'ÉTREINTE D'AUSET

Hept, l'étreinte d'Auset, est une pose qui représente la déesse Auset en train d'embrasser Ausar et Heru. Cela s'est produit après qu'elle ait ramené Auset à la vie et qu'elle ait pu concevoir Heru. Lorsque vous prenez cette pose, considérez que vous ressuscitez tous les aspects de votre vie que vous avez pu considérer comme morts. Cela inclut les aspects psychologiques, physiques et spirituels de votre vie. Tous vos espoirs et vos rêves peuvent être ramenés à la vie grâce à l'administration de l'amour d'Auset.

Prenez la position debout tout en bougeant les bras vers l'avant et vers l'arrière. Visualisez-vous comme Auset. Ramenez les deux bras vers l'avant pour les croiser devant votre poitrine dans une étreinte amoureuse. Restez dans cette position tout en inspirant et en expirant profondément.

## DJED

Le pilier Djed symbolise la colonne vertébrale et l'énergie vitale qu'elle incarne. Il est associé au dieu Ptah. Il a coupé l'arbre Djed pour profiter de son doux parfum dans son palais. Ce n'est que plus tard qu'il découvrit qu'Asar était piégé dans l'arbre.

Croisez vos bras sur votre poitrine et fermez les poings. Imaginez que vous êtes enfermé dans un pilier comme l'était Asar. De cette position verticale, imaginez-vous comme un conduit entre le ciel et la terre, uni à la conscience divine.

Le Djed représente l'éveil spirituel, la constance et le Douat, ou royaume astral.

## LE POIRIER

Agenouillez-vous et penchez-vous en avant. Serrez vos mains l'une sur l'autre de manière à ce que vos avant-bras forment un V avec vos coudes. Posez votre tête sur le sol de façon à ce que vos mains soutiennent le sommet de votre tête. Tendez les jambes de manière à ce que votre corps se déplace vers le haut. Redressez votre dos et ramenez vos jambes vers le haut, en les pliant au niveau du genou au-dessus de votre corps pour trouver l'équilibre. Enfin, étendez vos jambes jusqu'à ce que vous soyez en position debout, votre corps étant entièrement soutenu par vos mains.

Si vous avez des difficultés à faire le poirier sans support, faites l'exercice face à un mur. Cela vous permettra d'utiliser le mur comme support pour stabiliser votre corps.

Une variante de cet exercice peut être réalisée avec les

mains posées sur le sol, écartées à la largeur des épaules et les doigts écartés. Placez votre tête sur le sol entre les deux, en vous appuyant sur vos mains pour vous soulever du sol.

Pour descendre du poirier, pliez les genoux et balancez vos jambes vers l'avant en les tendant jusqu'à ce que vos pieds touchent le sol.

## KHÉPRI- LE SCARABÉE

Râ Khépri est le soleil matinal qui émerge renouvelé chaque matin après être entré dans le Douat en tant que Râ Tem à la fin de la journée précédente. Khépri est également le scarabée. Le scarabée renouvelle son corps chaque année en s'enfonçant dans la boue lorsque le Nil est en crue. Une fois les eaux retirées, il émerge avec un nouveau corps. Khépri symbolise donc la capacité de renouvellement.

Pour prendre la pose Khépri, mettez-vous à genoux en vous asseyant sur vos hanches. Étendez vos mains devant vous sur le sol, les paumes tournées vers le bas. Penchez-vous en avant jusqu'à ce que votre front touche le sol. Maintenez cette position tout en réfléchissant au renouveau que connaît le scarabée chaque année. Voyez comment cela s'applique à votre bien-être physique, mental et spirituel.

Le yoga kémétique utilise le Sekhem (énergie vitale)

sous forme de respiration pour vous aider à concentrer l'énergie universelle en vous. La méditation inspirée par les différentes poses vous aide à monter sur l'arbre de vie. Cela se produit lorsque vous réfléchissez aux parallèles entre les divinités, l'histoire de la création et votre propre vie. Utilisez ces postures quotidiennement pour vous aider dans votre voyage spirituel. Même si le yoga kémétique est la seule pratique que vous commencez, vous constaterez qu'elle répond à de nombreux aspects des exigences du mode de vie kémétique.

# POSTFACE

Alors que nous arrivons à la fin de ce livre, je vous souhaite amour et lumière pour votre voyage spirituel. Vous avez été doté des connaissances et de la perspicacité nécessaires pour savoir quelles sont les étapes à franchir pour chaque phase à venir de votre progression. Tout au long de votre voyage, je prie pour que vous conserviez un esprit de paix, d'équilibre et d'harmonie. J'espère que ce livre sera pour vous un compagnon de route constant, car vous vous y référerez souvent pour obtenir des conseils sur les meilleures étapes à suivre dans les différents aspects de votre vie. N'oubliez pas de suivre la voie de Maât dans tous les aspects de votre vie. Si vous y parvenez, sachez que cela se terminera bien pour vous. Si vous avez des difficultés à trouver un équilibre, trouvez de petites choses dans la vie pour lesquelles vous pouvez être reconnaissant. La gratitude est la clé de l'harmonie, car vous recevez plus de ce pour quoi vous êtes reconnaissant. En exprimant votre joie dans les petits événements, vous constaterez que de plus grandes raisons d'être reconnaissant apparaîtront dans votre vie. Utilisez ce principe de correspondance pour vous assurer que vous vivez continuellement dans Maât.

Alors que vous suivez le but de votre vie, rappelez-vous que vous aurez besoin de courage pour de nombreuses choses. Vous rencontrerez de l'opposition et devrez peut-être même vous battre contre ceux qui veulent nuire à vos bonnes intentions. Lorsque vous rencontrerez les personnages de Seth au cours de votre voyage, n'oubliez pas que vous pouvez faire appel à Asar, Heru et Aset pour vous guider et vous inspirer. En outre, vous pouvez faire appel à d'autres guides spirituels sous la forme de vos ancêtres ou même de personnalités célèbres que vous avez admirées dans le passé. Vous n'êtes jamais vraiment seul dans vos combats quotidiens. Ne l'oubliez pas et demandez de l'aide en conséquence.

Ce qui vous aidera énormément, c'est de maintenir un régime alimentaire sain, conformément aux exigences d'un véritable initié. Une alimentation saine fera de votre corps un réceptacle efficace pour votre esprit. Cela en fait un élément essentiel de votre marche spirituelle. Un corps en bonne santé qui ne dépense pas un surplus d'énergie à essayer de digérer des aliments modifiés consacrera cette énergie à des activités plus spirituelles. La construction de votre vie mentale et spirituelle vous sera bénéfique.

Vos prières, le yoga et la méditation vous aideront davantage. Ils vous fourniront la concentration nécessaire pour atteindre vos objectifs en accord avec les lois universelles mises en évidence dans les principes hermétiques. Gardez un cœur pur et regardez toujours la bonté de la lumière.

L'une des dernières choses que je voudrais partager avec vous, c'est que je vous suis reconnaissant. Je vous suis reconnaissant du besoin que vous avez eu de me donner l'occasion d'écrire ce livre, car en l'écrivant, j'ai également été inspiré pour entreprendre un voyage. Un voyage qui m'a obligé à en savoir plus et à creuser davantage afin de pouvoir partager avec vous des informations significatives et pratiques. Pour ce faire, j'ai dû revisiter, explorer, expérimenter et prouver les concepts mentionnés dans le livre. En conséquence, j'ai pris davantage conscience des principes universels et de la magie de Kemet, qui s'est cachée à la vue de tous pendant tant d'années et sous diverses formes. Ces formes se sont exprimées à travers l'évolution de la religion, les leçons de sagesse et la nature elle-même. Lorsque nous prenons le temps d'observer la nature, nous nous rendons compte qu'elle est toujours en équilibre et que ses besoins sont satisfaits sans effort constant. Il existe un rythme dans l'interaction entre les différents aspects de la nature. Plus nous l'observons, plus nous réalisons que chaque aspect de la nature a sa raison d'être. En vous alignant sur Ntr, puissiez-vous également vivre dans votre but, en trouvant des interactions mutuellement bénéfiques tout au long du chemin. Foncez maintenant et éclairez les autres au fur et à mesure que vous avancez. Je vous souhaite un bon voyage.

NUT AND GEB

# GLOSSAIRE

**Ab :** Chakra du cœur, le centre énergétique qui régit le cœur.

**Abrahamique :** biblique. Avec Abraham comme figure paternelle centrale.

**Acacia :** Arbre au sommet plat et à l'écorce rugueuse aux propriétés médicinales. Il est originaire d'Afrique et d'Australie.

**Autel :** Lieu réservé à la rencontre entre un ou des individus et le divin. Lieu de culte.

**Amen :** Râ, le dieu du soleil.

**Amen-Râ :** Râ, le dieu du soleil.

**Amon :** Râ, le dieu du soleil.

**Amon-Râ:** Le dieu du soleil, Râ.

**Ancêtres :** Les générations passées de votre arbre généalogique.

**Ânkh :** Croix dont la barre horizontale est surmontée d'une boucle au lieu d'être prolongée par la tige verticale. Également connue sous le nom de croix égyptienne, elle représente la vie.

**Anpu :** Anubis, le protecteur des tombes.

**Anubis :** Dieu des funérailles et protecteur des tombes, à tête de chacal.

**Apep :** Apophis, le serpent qui tente de consumer Râ lors de sa traversée du monde souterrain.

**Apollon :** Nom donné par les Grecs à Heru-Ur ou Horus.

**Apophis :** Serpent maléfique que Râ doit combattre chaque nuit lors de son voyage dans le monde souterrain.

**Arat Sekhem :** Le pouvoir du serpent.

**Asar :** Ausar, également connu sous le nom d'Osiris.

**Aset :** Auset. Elle a ramené son mari à la vie après qu'il ait été coincé dans un pilier. Elle a ensuite récupéré son corps démembré pour l'enterrer dignement.

**Astrologie :** Étude de la corrélation entre les étoiles et les événements de la vie d'une personne. Cette étude porte notamment sur l'alignement céleste au moment de la naissance d'une personne, le suivi de ces alignements se poursuivant tout au long de la vie.

**Atef :** Une couronne composée de plumes d'autruche bouclées ajoutée de part et d'autre de la couronne de Hedjet blanche.

**Atum :** Râ-Atum, le soleil couchant.

**Atum-Râ :** Ra-Atum, le soleil qui se couche.

**Aura :** champ énergétique d'une personne. Il entoure le corps comme une couche de lumière. La couleur du champ énergétique reflète l'état émotionnel du moment.

**Ausar :** Le dieu de la végétation. Il représente l'âme éternelle. Son frère Seth l'a découpé en 14 morceaux pour s'emparer du royaume. Sa femme Auset assembla ces morceaux et créa un phallus d'or pour remplacer son pénis manquant. Bien qu'il soit déjà sous forme d'esprit, son corps réassemblé lui permet d'entrer dans l'au-delà. De là, il revint sous forme d'esprit pour engendrer son fils Horus.

**Auset :** Déesse de la sagesse et de l'intuition. L'épouse d'Ausar qui a réassemblé ses membres perdues. Ausar vint à elle sous forme d'esprit et la féconda.

**Ba :** Chakra de la couronne, centre énergétique situé au sommet de la tête.

**Babouin :** Les babouins sont les plus grands singes du monde. Ils se distinguent par leur derrière dépourvu de poils, leur long museau dépourvu de poils et leur tête poilue. Ils sont originaires d'Afrique et vivent en groupes dont la taille peut varier de 10 à 300.

**Bastet :** Déesse en forme de chat, protectrice des foyers, qui éloigne les mauvais esprits et les maladies.

**Pierre de Benben :** Partie pyramidale de l'obélisque, elle représente la pierre qui a surgi la première des eaux du Noun lors de la création.

**Le bouddhisme :** Religion originaire du nord de l'Inde dont l'objectif est de rechercher l'illumination en soi. Les bouddhistes croient que le développement spirituel est le résultat d'un mode de vie éthique.

**Byblos :** Ville située dans l'actuel Liban.

**Les jarres canopes :** Quatre jarres contenant l'estomac, les intestins, le foie et les poumons étaient enterrées à côté de la momie dans la tombe funéraire. Les couvercles de ces jarres portaient des répliques des dieux Hapi, Imsety, Doua-moutef et Kébehsénouf en fonction des organes corporels dont chacun de ces dieux avait la charge. Ces dieux étaient collectivement appelés les enfants d'Horus.

**Principe de causalité :** Il s'agit de la loi de cause à effet. Elle stipule que tout effet a sa cause et que toute cause a un effet.

**Religion celtique :** Religion originaire du Pays de Galles qui vénère les dieux de la nature dans des lieux tels que les rivières et les lacs.

**Chakra :** Les centres d'énergie du corps. Situés le long de la colonne vertébrale, ils sont décrits comme une roue de lumière qui tourne. Chaque centre d'énergie est désigné par une couleur différente.

**Le christianisme :** Religion abrahamique dont la figure centrale est Jésus-Christ.

**Principe de correspondance:** Ce qui est en haut est en bas. Comme à l'intérieur, comme à l'extérieur. L'idée que les expériences individuelles reflètent les expériences universelles. Ce concept est à la base de l'utilisation de l'astrologie pour mieux comprendre le parcours et le but de la vie d'un individu.

**Chakra de la couronne :** Le septième chakra. Situé au sommet de la tête.

**Décans :** Douze divisions égales de l'année dans le calendrier Kémétique.

**Dendérah :** Ville située à l'ouest du Nil où a été découvert le zodiaque de Dendérah.

**Djed :** Le djed est un pilier fabriqué à partir de l'arbre qui a poussé sur le cercueil d'Ausar lorsqu'il a été rejeté sur le rivage. Ausar se trouvait dans le cercueil après que son frère Seth l'ait piégé pour qu'il y entre avant de jeter le cercueil dans une rivière. Le djed représente la colonne vertébrale d'Ausar.

**Djehouti :** Le dieu de la lune, de la sagesse, de l'intellect, de la magie et de l'écriture. Il a écrit les tablettes d'émeraude de Thot.

**Djehouti :** Thot, le dieu de l'écriture et de l'intelligence.

**Douamoutef :** Le dieu qui garde l'estomac après la mort.

**Douat :** Le monde souterrain. L'endroit où Râ se rend entre le coucher et le lever du soleil.

**Œil de Râ :** L'équipe de déesses envoyées pour mettre en œuvre la loi de Râ sur terre. L'équipe est composée de Mout, Het-Heru, Bastet, Tefnout et Sekhmet.

**Faucon :** Oiseau de proie rapide et à la vue perçante, capable de chasser d'autres oiseaux en plongeant vers eux depuis le haut.

**Flexitarien :** Régime principalement végétarien, la viande étant consommée avec modération.

**Geb :** Le dieu de la terre. Frère jumeau de Nout, déesse du ciel.

**Principe de genre :** Toute chose a ses aspects masculins et féminins.

**Hapi :** Le dieu qui protège les poumons après la mort.

**Hathor :** Déesse du ciel. Elle est responsable des fêtes et des festivals. Elle encourage la gratitude et l'amusement comme mode de vie.

**Chakra du cœur :** Le quatrième chakra. Situé dans la poitrine.

**Hedjet :** La couronne blanche en forme de cône de la Haute-Égypte.

**Heka :** Le dieu de la magie.

**Henu :** Une posture de louange et d'adoration.

**Hermès Trismégiste :** Hermès trois fois sage. Autre nom pour Thot.

**Hermétique :** D'Hermès Trismégiste.

**Principes hermétiques :** Lois universelles écrites par Hermès.

**Heru :** Heru ou Horus a été conçu par une union divine entre Auset et l'esprit d'Ausar. Il gouverne le cœur.

**Heru-Ur :** Horus l'aîné. L'état adulte de Heru lorsqu'il a pu se battre avec son oncle Seth et qu'il a perdu son œil gauche dans le processus. Cet œil gauche, une fois restauré par Thot, devint le wedjat, l'œil d'Horus. L'œil d'Horus est également connu sous le nom d'œil omniscient.

**Het-Heru :** Hathor, la belle déesse des festivités.

**L'hindouisme :** Religion indienne qui suit les écritures connues sous le nom de Vedas.

**Horemakhet :** Le Sphinx, un homme au corps de lion. Il représente Horus à l'horizon. Il est le symbole du soleil du matin.

**Horus :** Heru, fils d'Ausar et d'Auset, conçu alors qu'Ausarr était sous forme d'esprit.

**Ibis :** Oiseau à longues pattes et à long bec qui préfère le temps chaud et les marais.

**Imsety :** Le dieu qui garde le foie après la mort.

**Initiés :** Ceux qui sont sur le chemin spirituel et éventuellement sur le chemin de la prêtrise.

**Isis :** Auset, l'épouse d'Ausar, qui l'a ramené à la vie après qu'il ait été enfermé dans un cercueil et que celui-ci ait été jeté dans une rivière.

**L'islam :** Religion abrahamique fondée sur les enseignements du prophète Mahomet inscrits dans le Coran.

**Iousaaset :** Grand-mère des dieux et des déesses.

**Iusas :** Iousaaset, la grand-mère des êtres divins.

**Kabbale :** Enseignements sur la mystique juive.

**Kemet :** La terre noire, l'ancienne Égypte.

**Kémétique :** De Kemet.

**Khab :** Chakra racine, centre énergétique situé à la base de la colonne vertébrale.

**Khaibit :** Chakra sacré. Situé sous le nombril.

**Khépri :** Le scarabée. Il s'enfonce dans la boue du Nil chaque année avant les inondations et en ressort une fois que les eaux se sont retirées.

Le soleil levant est aussi Khépri ou Râ Khépri, qui, après être entré dans le monde souterrain chaque nuit, en ressort renouvelé comme le soleil du matin.

**Khu :** Chakra du troisième œil situé entre les sourcils et les yeux.

**Lotus :** Une belle fleur qui pousse sur l'eau calme. Désigne également une posture de yoga avec les jambes croisées.

**Maât :** Déesse de l'équilibre et de l'harmonie qui maintient l'ordre dans le monde. Elle pèse également les âmes des morts contre une plume pour déterminer si elles sont aptes à entrer dans l'au-delà.

**Méditation :** Calmer l'esprit et les émotions en se concentrant sur un point extérieur ou sur des aspects intérieurs de soi tels que la respiration.

**Principe de Mentalisme :** Ce principe affirme que l'univers est mental en raison de la conscience suprême qui contrôle tout, du mouvement des planètes au comportement des atomes.

**Metu Neter :** Les écrits des dieux, les hiéroglyphes.

**Mout :** Faisant partie de l'œil de Râ, Mout était l'épouse d'Amon-Râ et une déesse mère. Elle était parfois représentée sous la forme d'un vautour.

**Nbth Hotep :** Nebethetepet, déesse qui a co-créé le monde avec Râ.

**Nebethetepet :** Le divin féminin co-créateur aux côtés de Râ.

**Nebthet :** Nephthys, la sœur d'Auset, qui se déguisa en sa sœur et fut fécondée par Ausar.

**Nefertem :** Horus, enfant divin de la création. Horus a été engendré par l'esprit et on pense qu'il a existé pendant le processus de création et qu'il y a participé.

**Nehmetawy :** Nebethetepet. Elle a aidé Râ à créer le monde.

**Nephthys :** Sœur d'Auset et déesse de l'air.

**Neter :** La force divine de la nature représentée par les dieux et les déesses qui gouvernent les éléments.

**Le Nil :** Le Nil est le plus grand fleuve d'Égypte. À Kemet, l'agriculture se concentrait autour de ce fleuve, dépendant de ses crues annuelles pour planter des graines dans un sol fertile en vue d'une récolte abondante.

**Ntr :** Neter. Dieux et déesses de la nature.

**Noun :** Les eaux primordiales qui recouvraient la terre avant la création de la terre et de tous les êtres vivants.

**Nout :** Déesse du ciel nocturne et sœur jumelle de Geb, le dieu de la terre. Elle est représentée étendue sur la terre avec les étoiles peintes sur son corps.

**Obélisque :** Pilier monolithique avec une pyramide au sommet. Il représente la création et l'arbre de vie. Les obélisques canalisent l'énergie de l'atmosphère par leur pointe pyramidale et la dissipent par leur base. À Kemet, les obélisques étaient souvent faits de granit rouge et placés de part et d'autre des temples. La hauteur des obélisques varie entre 10 et 100 pieds.

**Osiris :** Ausar, le dieu vert de la végétation et époux d'Auset, également connue sous le nom d'Isis.

**Paléolithique :** De l'âge de pierre.

**Pescatarien :** Régime où l'on consomme du poisson, mais pas de viande rouge ni de volaille.

**Pet :** Le plan astral qui abrite l'imagination, les rêves, les idées, les pensées et les émotions.

**Pharaon :** Nom utilisé pour désigner le dirigeant de l'Égypte ancienne. L'équivalent d'un roi.

**Principe de polarité :** Toute chose a son contraire. Les opposés sont identiques dans la nature mais différents dans les mesures extrêmes.

**Ptah :** Le forgeron divin et le créateur de Râ.

**Pyramide :** Cette structure a une base carrée. Chaque côté est de forme triangulaire et se réunit en un seul point central au sommet. Les pyramides sont des formes puissantes qui attirent et concentrent l'énergie cosmique.

**Kébehsénouf :** Le dieu qui garde les intestins après la mort.

**Physique quantique :** L'étude des plus petits composants de la matière physique.

**Râ :** Le dieu du soleil, le créateur de la Terre et de ses habitants. Il parcourt le ciel quotidiennement du lever au coucher du soleil.

**Râ-Atoum :** Le soleil couchant.

**Râ-Khépri :** le soleil levant.

**Rê :** Râ, le dieu du soleil.

**Reiki :** Technique de guérison énergétique d'origine japonaise qui utilise les mains pour transmettre de l'énergie curative aux patients.

**Principe de rythme :** Tout monte et tout descend ; le pendule oscille dans les deux sens et en équilibre.

**Chakra racine :** Le premier chakra situé à la base de la colonne vertébrale.

**Chakra sacré :** Le deuxième chakra. Il est situé sous le nombril.

**Saosis :** Iousaaset, grand-mère des dieux et déesses qui ont assisté Râ dans la création du monde.

**Satet :** Seth, oncle d'Horus et frère d'Ausar.

**Satis :** Déesse de la crue annuelle du Nil.

**Sceptre :** Bâton ornemental dont le sommet est en forme de boule.

**Sebek :** Le dieu crocodile.

**Selket :** La déesse du scorpion.

**Sekhem :** Énergie vitale utilisée dans les soins énergétiques à l'aide de tiges cristallisées pour diriger son pouvoir vers les zones affectées.

**Sekhmet :** Déesse guerrière à tête de lionne chargée d'apporter la peste à l'humanité en guise de châtiment pour une vie impie. C'est aussi une déesse guérisseuse qui était adorée par les prêtres et les prêtresses des temples de guérison.

**Seth :** Dieu du chaos et de la confusion, frère d'Ausar. Il tua son frère pour le trône.

**Seth :** Seth, frère d'Osiris ou d'Ausar, qui a tenté de tuer pour régner.

**Sistre :** Instrument de musique dont on joue de la même manière qu'un tambourin (en le secouant pour faire tinter les disques qui y sont attachés). Il a la forme d'un U renversé, les barres pour les tintements étant placées horizontalement entre ses deux côtés.

**Shti :** La pose de la momie, en imitation de la pose d'enterrement de la momie. Lorsque les pharaons étaient enterrés, leurs corps étaient conservés à l'aide d'épices, de liquides et d'aromates. Ils étaient ensuite enveloppés dans un tissu. Le cadavre recouvert d'un tissu est appelé momie.

**Shu :** Le dieu de l'air.

**Chakra du plexus solaire :** Le troisième chakra, situé au-dessus du nombril.

**Guides spirituels :** Les esprits des morts ou des dieux et déesses qui travaillent pour guider les vivants.

**Ta :** Le plan d'existence matériel.

**Tabithet :** Déesse protectrice représentée sous la forme d'un scorpion à tête de femme.

**Tapotement :** Une méthode de soulagement du stress qui utilise l'acupression sur des points méridiens spécifiques du corps, combinée à un renforcement verbal positif.

**Tefenet :** Tefnout, déesse de l'humidité et des précipitations.

**Tefnout :** La déesse de l'humidité (atmosphérique).

**Atoum Râ :** Râ-Atoum, le soleil couchant.

**Les Assyriens :** Ancienne civilisation originaire de la région de l'Irak, de la Turquie, du Koweït et de la Syrie actuels.

**Les tablettes d'émeraude de Thot :** Tablettes vertes mythiques et indestructibles contenant les connaissances du monde englouti de l'Atlantide, écrites par Thot l'Atlante.

**Les Mayas :** Ancienne civilisation qui a existé dans la région aujourd'hui couverte par le sud du Mexique, le Guatemala et le nord du Belize.

**Les Amérindiens :** Les habitants de l'Amérique du Nord avant le quinzième siècle.

**Sahu :** Chakra du plexus solaire, situé au-dessus du nombril.

**Shekem :** Chakra de la gorge, situé dans la gorge et identifié par la couleur bleue.

**Smai Tawi :** Yoga Kémétique, basé sur les hiéroglyphes.

**Théologie :** L'étude de la religion.

**Théurgie :** Actions cohérentes entreprises dans le but d'atteindre la divinité en prenant les traits de personnalité des êtres divins.

**Chakra du troisième œil :** Le sixième chakra, situé entre les yeux et les sourcils.

**Thot :** Djehouti.

**Chakra de la gorge :** Le cinquième chakra. Situé dans la gorge, le nez et la thyroïde.

**Uræus :** Le cobra égyptien. Symbole de l'autorité divine, il est souvent représenté sur les couronnes des pharaons.

**Végane :** Régime alimentaire à base de plantes qui exclut les produits d'origine animale tels que le beurre, les œufs et le lait.

**Végétarien :** Régime alimentaire à base de plantes.

**Principe de vibration:** Tout vibre. Rien n'est au repos.

**Yoga :** méthode d'étirement du corps visant à aligner les chakras du corps tout en tonifiant les différents muscles. Combiné à la méditation, il permet de s'aligner sur le divin.

# RÉFÉRENCES

AboutBalance (n.d.). Sekhem Energy Healing at About Balance. About Balance. https://www.aboutbalancebrighton.com/sekhem/

Afrikaiswoke (2021). Ancient Kemet's Dendera Zodiac - The world's first zodiac. Afrikaiswoke. https://www.afrikaiswoke.com/ancient-kemets-dendera-zodiac-the-worlds-first-zodiac/

Afrikan History (2022). The Tree Of Life In Ancient Egypt's Metu Neter Explained.AfrikaIsWoke. https://www.afrikaiswoke.com/the-tree-of-life-in-ancient-egypts-metu-neter-explained/

Ahmed, T. (2022). God Serket | Facts Ancient Egyptian Gods and Goddesses | God of fertility, nature, animals, medicine, magic. Hurghada Lovers. https://hurghadalovers.com/god-serket-ancient-egyptian-gods/

Anahana(2022).Chakra Colors. Anahana. https://www.anahana.-com/en/yoga/chakra-colors

Ancient Egypt Wiki (n.d.). Osiris. Ancient Egypt Wiki. https://anciente-gypt.fandom.com/wiki/Osiris

Ancient Egyptian Astrology: Find Your Zodiac Sign (2020). Ancient Egyptian Astrology: Find Your Zodiac Sign. Medium. https://medium.com/la-biblioth%C3%A8que/ancient-egyptian-astrology-find-your-zodiac-sign-c29c705d96ac

AncientEgypt. (n.d.). The 42 Laws And Ideals Of Ma'at. Egypt Connection. https://www.egyptconnection.com/42-laws-of-maat/

Appling, A. (n.d.). Ancient Egyptian Religion. Pinterest. https://pinte-rest.com/pin/socalled-martial-arts-never-originated-from-china-or-india-like-others-have-claimed-it-originated-in-africa-and-the-pro--442056519644347127/

Ashby, M. (2002). Kemetic Diet - Ancient African Wisdom For Health of Mind, Body and Spirit. Sema Institute.

Ashby, M. (2008). The Kemetic Tree of Life Ancient Egyptian Metaphysics and Cosmology for Higher Consciousness. Cruzian Mystic Books.

Ashby. A., Ashby, M. (1997). Egyptian Yoga Movements of the Gods and Goddesses. Cruzian Mystic Books.

Atkinson, W.W. (1908). The Kybalion: A Study of the Hermetic Philosophy of Ancient Egypt and Greece. Yogi Publication Society.

Basubu. (n.d.). 3-Day Egyptian Healing and Meditation Retreat in the Welsh Countryside. Basubu. https://basubu.com/3-day-egyptian-healing-and-meditation-retreat-in-the-welsh-countryside

Below The Stars. (n.d.). Egyptian Astrology: Egyptian Astrology Signs and Their Meanings. Below The Stars. https://belowthestars.com/egyptian-astrology/

Benninghoven, D. (2022). 4 Potential Ways to Increase the pH Level in Your Body. Livestrong. https://www.livestrong.com/article/225555-safest-way-to-raise-body-ph/

Bernard D., Beitman M.D. (2017). I Ching: Intentional Meaningful Coincidences. Psychology Today. https://www.psychologytoday.com/za/blog/connecting-coincidence/201706/i-ching-intentional-meaningful-coincidences?amp

Blanchard, T. (2021). 11 Things That The Tree of Life Represents. Outofstress. https://www.outofstress.com/what-tree-of-life-represents/

Bondy, D. (2020). The Black History of Yoga: A Short Exploration of Kemetic Yoga. Yoga International. https://yogainternational.com/article/view/the-black-history-of-yoga

Bradley, L. (2019). What Is Epigenetics: Your Mind's Influence Over Your Health. SunWarrior. https://sunwarrior.com/blogs/health-hub/epigenetics

Braga, B. (2021). The African Roots Of Kemetic Yoga And How It's Being Adopted By The Diaspora. Travel Noire. https://travelnoire.com/african-root-kemetic-yoga

Braverman, J. (2022). 5 Ways to Remove Acidity From Your Body Naturally. Livestrong. https://www.livestrong.com/article/34910-rid-much-acid-body-naturally/

Brier, B. (2019). Ancient Egyptian Creation Myths: Of Water and Gods. Wondrium Daily. https://www.wondriumdaily.com/ancient-egyptian-creation-myths-of-water-and-gods/

Brier, B. (2020). The Three Gods of Medicine in Ancient Egypt. Wondrium Daily. https://www.wondriumdaily.com/the-three-gods-of-medicine-in-ancient-egypt/

Burgess, L. (2019). What is a paleo diet? Medical News Today. https://www.medicalnewstoday.com/articles/324405#what-is-a-paleo-diet

Canadian Museum Of History. (n.d.). Shu and Tefnut. Canadian Museum Of History. https://www.historymuseum.ca/cmc/exhibitions/civil/egypt/egcrgs4e.html

Chopra, D. (2004). Synchrodestiny: Harnessing the Infinite Power of Coincidence to Create Miraacles. Rider & Co.

Cleopatra Egypt Tours. (2021). Hathor, the Egyptian goddess. Cleopatra Egypt Tours. https://www.cleopatraegypttours.com/travel-guide/hathor-the-egyptian-goddess/

Cleveland Clinic. (2021). How Box Breathing Can Help You Destress - This deep-breathing technique is simple but powerful. Cleveland Clinic. https://health.clevelandclinic.org/box-breathing-benefits/

Colors Explained. (n.d.). Chakra Colors: Guide to 7 Chakras & Their Meanings. Colors Explained. https://www.colorsexplained.com/chakra-colors-and-meanings/

Deif, A. (2008). The Sirius lore. Research Gate. https://www.research-gate.net/publication/267447624_The_Sirius_lore

Deprez, G. (2021). Goddess Isis: Fascinating Facts About The Mother Of All Gods. The Collector. https://www.thecollector.com/ancient-egyptian-goddess-isis/

Discovery World History. (n.d.). Egyptian Healing Rods. Discovery World History. https://discoverywo.blogspot.com/2013/07/egyptian-healing-rods.html?m=1

Dispenza, J. (2021). Plasma, Matter, and the Projection of Reality: Part II. Unlimited. https://drjoedispenza.com/blogs/dr-joes-blog/plasma-matter-and-the-projection-of-reality-part-ii

Education for Life Academy. (2009). World History Timeline. Education For Life Academy. https://educationforlifeacade-my.com/world-history-timeline

Egyptian Healing Rods. (n.d.). Science Of Pyramids. Egyptian Healing Rods. https://www.egyptianhealingrods.com/pyramid-research/

Egyptian Healing Rods. (n.d.). Welcome to - Egyptian Healing Rods. Egyptian Healing Rods. https://www.egyptianhealingrods.com/

Egyptian Healing Rods. (n.d.). Russian Research. Egyptian Healing

Rods. https://egyptianhealingrods.me/index_files/EgyptianHealingRod-sRussianResearch.htm

Energy Action. (n.d.). Egyptian Healing Rods – Amplify Your Longevity, Vitality and Intuition. Energy Action. https://energy4ac-tion.com/rods-and-pyramids/

Estrada, J. (2021). Each of the 7 Chakras Is Associated With a Color—Here's What Each One Means. Well and Good. https://www.welland-good.com/chakra-colors-and-meanings/

Fiercely Bright One. (n.d.). Aset FAQ: Frequently Asked Questions about Aset. Fiercely Bright One. https://fiercelybrightone.com/rites/faq-of-aset/

Forti, K. J. (2017). Atlantean Physics Behind Ancient Egyptian Magical Rods. Trifinity 8. https://trinfinity8.com/magic-physics-behind-ancient-egyptian-rods-of-ptah/

Gugliotta, G. (2008). The Great Human Migration - Why humans left their African homeland 80,000 years ago to colonize the world. Smithsonian Magazine. https://www.smithsonianmag.com/history/the-great-human-migration-13561/

Gunnars, K. (2021). 10 Evidence-Based Health Benefits of Intermittent Fasting. Health Line. https://www.healthline.com/nutrition/10-health-benefits-of-intermittent-fasting

Hansen, N.B. (2022). Food in Ancient Egypt: What Did the Egyptians Eat? The Collector. https://www.thecollector.com/food-ancient-egypt/

Hellenic Faith. (n.d.) Theourgia. Hellenic Faith. https://helle-nicfaith.com/ritual/

Hill, J. (2016). Shu. Ancient Egypt Online. https://ancientegyp-tonline.co.uk/shu/

Hill, J. (2009). Kyphi. Ancient Egypt Online https://ancientegyp-tonline.co.uk/kyphi/

Holland, K. (2022). What Is an Aura? And 15 Other Questions, Answered. Health Line. https://www.healthline.com/health/what-is-an-aura#takeaway

Holmes, K. (2006). Sekhem - A Form of Ancient Egyptian Healing. Positive Health Online. https://www.positivehealth.com/ar-ticle/reiki/sekhem-a-form-of-ancient-egyptian-healing

IkariusSpirits Healing. (2022). Egyptian Tuning Calibration Healing Rods of Maat - Copper & Zinc - Netu Rods for spiritual calibration and orientation. LinkedIn. https://www.linkedin.com/pulse/egyptian-tuning-calibration-healing-rods-maat-

isidora. (2013). Isis & the Magic of Myrrh. Isiopolis. https://isiopolis.com/2013/07/20/isis-the-magic-of-myrrh/

Isidora. (2022). Of Scorpions, Horus & Isis. Isiopolis. https://isiopolis.com/2022/01/16/of-scorpions-horus-isis/

Jarus, O. (2022). Ancient Egypt: History, dynasties, religion and writing. Live Science. https://www.livescience.com/55578-egyptian-civilization.html

Jayne Leonard, J. (2020). Seven Ways to do Intermittent Fasting. Medical News Today. https://www.medicalnewstoday.com/articles/322293#seven-ways-to-do-intermittent-fasting

Journey To Egypt. (n.d.). Eye of Horus, Eye of Ra. Journey To Egypt. https://www.journeytoegypt.com/en/blog/eye-of-horus

Kalkhurst, J. (2018) My Story With Sekhem-Khrem. Reiki With Jaclyn. https://www.reikiwithjaclyn.com/post/2018/02/22/my-story-with-sekhem-khrem

Kehoe, J. (2011). Quantum Warrior: The Future of the Mind. Zoetic.

Kroll, J. (2017). What Types of Zodiacs Are There Other Than Chinese? Sciencing. https://sciencing.com/types-zodiacs-there-other-chinese-8457677.html

Landious Travel. (n.d.). Goddess Tefnut. Landious Travel. https://landioustravel.com/egypt/egyptian-deities/goddess-tefnut

Landious Travel. (n.d). Nehmetawy goddess. Landious Travel. https://landioustravel.com/egypt/egyptian-deities/nehmetawy-goddess/

LandofKam. (2012). How to Honor Your Ancestors the Kamitic/Kemetic Shaman Way. LandofKam. https://landofkam.wordpress.com/2012/04/28/how-to-honor-your-ancestors-the-kamitic-shaman-way/

Leonard, J. (2019). A guide to EFT tapping. Medical News Today. https://www.medicalnewstoday.com/articles/326434

Lizzy. (2019). Chakra Colors. Chakras.info. https://www.chakras.info/chakra-colors/

Mark, J. J. (2017). Heka. World History Encyclopedia. https://www.worldhistory.org/Heka/

Mark, J. J. (2016). Osiris. World History Encyclopedia. https://www.worldhistory.org/osiris/

Mark, J. J. (2020). The Five Gifts of Hathor: Gratitude in Ancient Egypt. World History Encyclopedia. https://www.worldhistory.org/article/58/the-five-gifts-of-hathor-gratitude-in-ancient-egyp/

Mark, J. J. (2016). Thoth. World History Encyclopedia. https://www.worldhistory.org/Thoth/

Maté, G., Maté, D. (2022). The Myth of Normal: Trauma, Illness, and Healing in a Toxic Culture. Ebury Publishing.

McCammon, E. (2016). Who Is Bastet? Complete Guide to the Egyptian Cat Goddess. PrepScholar. https://blog.prepscholar.com/bastet-egyptian-cat-goddess

McCartney, P. (2021). India's battle against Egypt's Kemetic Yoga. Medium. https://psdmccartney.medium.com/indias-battle-against-egypt-s-kemetic-yoga-6eca5b114d65

McRae, L. (2019). Vegan, Vegetarian, Pescatarian, Flexitarian and Macrobiotic Diets – What's the Difference? North Shore University Health Systems. https://www.northshore.org/healthy-you/vegan-flexitarian-vegetarian-pescatarian-and-macrobiotic-diets--whats-the-difference/

Muhammad, B., Akinyele, P. (2021). Kemetic (Egyptian) Spirituality: The Oldest Faith Tradition. Patch. https://patch.com/new-jersey/newarknj/kemetic-egyptian-spirituality-oldest-faith-tradition

New World Encyclopedia. (n.d.). Ishtar. New World Encyclopedia. https://www.newworldencyclopedia.org/entry/ishtar

Newman, T. (2021). Everything you need to know about Reiki. Medical News Today. https://www.medicalnewstoday.com/articles/308772#summary

Nnaco. (2016). Thoth and The Emerald Tablet. Kanaga. http://www.kanaga.tv/mysticism/toth-and-emerald-tablet.html

Nunez, K. (2020). The Benefits of Breath of Fire and How to Do It. Healthline. https://www.healthline.com/health/breath-of-fire-yoga#safety-tips

Odwirafo. (2017). Hedju ne Antiu Wordpress. https://www.odwirafo.com/Hedju_Antiu.pdf

Oxford Reference. (n.d). Osiris, Killed by Set, Is Resurrected by Isis. Oxford Reference. https://www.oxfordreference.com/display/10.1093/oi/authority.20110803100255831

Oxford University Press. (2018). Nut. Oxford University Press.

https://www.encyclopedia.com/philosophy-and-religion/ancient-religions/ancient-religion/nut-egyptian-goddess

Petre, A. (2018). How to Follow a Raw Vegan Diet: Benefits and Risks. Health Line. https://www.healthline.com/nutrition/raw-vegan-diet#the-diet

Radford, W. (n.d.). Avesa Energy Balancing - Egyptian healing rods and pyramid energy. Radford Holistic Therapies. https://www.radford-holistictherapies.co.uk/avesa_balancing.htm

Realitypathing. (2023). 8 Unique Incense for Ma'at Realitypathing. https://realitypathing.com/8-unique-incense-for-maat/

Regan, S. (2022). Why You Need A Spiritual Bath In Your Life (+ Exactly How To Draw One). MBG Mindfulness. https://www.mindbo-dygreen.com/articles/spiritual-bath

Religion Wiki. (n.d.). Iusaaset. Religion Wiki. https://religion.fan-dom.com/wiki/Iusaaset

Rosicrucian Egyptian Museum. (n.d.). Deities in Ancient Egypt - Nephthys. Rosicrucian Egyptian Museum. https://egyptianmu-seum.org/deities-nephthys

Rosicrucian Egyptian Museum. (n.d.). Deities in Ancient Egypt - Seth. https://egyptianmuseum.org/deities-seth

San-Aset. (2022). Iusaaset, Goddess of the Tree of Life. IsemSanctuary. https://iseumsanctuary.com/2022/02/14/goddess-of-the-tree-of-life/

Scaccetti, J. (n.d.). The connection between chakra blockages and emotional and physical conditions. Agent Nateur. https://www.agentna-teur.com/blogs/agent-tips/p-strong-the-connection-between-chakra-blockages-and-emotional-and-physical-conditions-strong-p-p-p?utm_source=google&utm_medium=paid&utm_campai-gn=17683018728&utm_content=&utm_term=&gadid=&gclid=EAIaI-QobChMIsp2z57ba-wIVjLHtChorqQTXEAAYAiAAEgKWavD_BwE

Scher, A. B. (n.d.). 7 Ridiculously Simple Tapping Techniques To Unblock Your Chakras. Soul & Spirit. https://www.soulandspiritmaga-zine.com/13951-2/

Shane Clayton. (2022). The Sacred Temple Incense of Ancient Egypt. Wandering Stars https://www.wandering-stars.net/kepu-temple-incense

Shane Clayton. (2022). The Seven Sacred Oils. Pomegranate Flounder https://pomegranate-flounder-c98k.squarespace.com/the-seven-sacred-oils

Shetty, J. (2020). 20 Days of Live Meditation with Jay Shetty: Day 1. YouTube. https://youtu.be/gxURcDSeRns

Shridhar, G., Rajendra, N., Murigendra, H. (2015). Modern Diet and its Impact on Human Health. Journal of Nutrition & Food Sciences. https://www.longdom.org/open-access/modern-diet-and-its-impact-on-human-health-35026.html

Solarnayoga. (n.d.). The Rods Of The Egyptians. Solarnayoga. https://solarnayoga.info/pdf/Egyptians_Rods_or_Wands_of_Horus.pdf

Sound And Light. (n.d.). 10 Interesting Facts about Hathor; goddess of motherhood. Sound And Light. https://soundandlight.-show/en/blog/10-interesting-facts-about-hathor

Stanford Medicine. (n.d.). Anatomy and Function of the Liver. Stanford Medicine. https://www.stanfordchildrens.org/en/topic/default?id=anatomy-and-function-of-the-liver-90-P03069

Stanton, KM. (2022). Tree of Life Meaning, Symbolism, and Mythology. UniGuide. https://www.uniguide.com/tree-of-life

Stuetz , T.T. (2010). Healing Secrets of the Pharaohs-Egyptian Healing Rods. Ezine Articles. https://ezinearticles.com/?Healing-Secrets-of-the-Pharaohs-Egyptian-Healing-Rods&id=4914300

svarthaxan. (2021). Anubis as my spirit guide. Reddit. https://www.reddit.com/r/Kemetic/comments/l1xolf/anubis_as_my_spirit_guide/

Swan Bazaar. (2021). The Four Sons of Horus. Swan Bazaar. https://www.swanbazaar.com/Blog/post/the-four-sons-of-horus

Swan Bazaar. (2021). The Four Sons of Horus. Swan Bazaar. https://www.swanbazaar.com/Blog/post/the-four-sons-of-horus

templeofathena. (2011). Offerings for Anubis Wordpress. https://templeofathena.wordpress.com/2011/02/17/offerings-for-anubis/

Tewari, A. (2022). 700 Affirmations to Balance All 7 Chakras. Gratefulness Blog. Https://blog.gratefulness.me/chakra-affirmations/amp/

The Earth Center. (n.d.). The Kemetic Meso-American Connection. The Earth Center. https://www.theearthcenter.org/post/in-search-of-the-gods-the-kemetic-meso-american-connection

The Editors of Encyclopaedia Britannica(n.d.). 11 Egyptian Gods and

Goddesses. Encyclopaedia Britannica. https://www.britannica.-
com/list/11-egyptian-gods-and-goddesses

The Editors of Encyclopaedia Britannica. (n.d.). Horus - Egyptian god.
Encyclopaedia Britannica. https://www.britannica.com/topic/Horus

The Gut-Brain Connection: How it Works and The Role of Nutrition.
(2020). The Gut-Brain Connection: How it Works and The Role of
Nutrition. Health Line. https://www.healthline.com/nutrition/gut-
brain-connection#TOC_TITLE_HDR_5

Toliver, A. (n.d.). Greatest Story Ever Stolen - An exploration of the
stolen legacy of Kush, Kemet, and all world religions. Sutori.
https://www.sutori.com/en/story/greatest-story-ever-stolen--
UamyoBPaDaVejpn775pZxCrH

Urban Wellness Hub. (n.d.). Egyptian Sekhem. Urban Wellness Hub.
https://www.urbanwellnesshub.co.uk/egyptian-sekhem

Vampire Rave. (2021). Egyptian Chakras & Energetics. Vampire Rave.
https://www.vampirerave.com/houses/house_page.php?
house=python&page=18012

Vigne, L. (2019). The 42 ideals of Ma'at. Kemet Experience.
https://www.kemetexperience.com/the-42-ideals-of-maat/

Young, S.P. (2019). Nine Parts of the Human Soul According to the
Ancient Egyptians. Ancient Origins. https://www.ancient-
origins.net/human-origins-religions/ancient-egyptian-soul-0012390

Ascending Vibrations

## VOTRE AVIS COMPTE

Nous aimerions avoir l'audace de vous demander un acte de gentillesse. Si vous avez lu et apprécié notre/nos livre(s), pourriez-vous s'il vous plaît laisser une critique honnête sur Amazon ou audible ? En tant que groupe d'édition indépendant, vos commentaires sont d'une importance capitale pour nous. Nous lisons toutes les critiques que nous recevons et serions ravis de connaître votre avis, car chaque commentaire nous aide à mieux vous servir. Vos commentaires peuvent également avoir un impact sur d'autres personnes à travers le monde, en les aidant à découvrir des connaissances puissantes qu'elles peuvent mettre en œuvre dans leur vie pour leur donner de l'espoir et de l'autonomie. Je vous souhaite beaucoup d'autonomie, de courage et de sagesse tout au long de votre vie.

Si vous avez lu ou écouté l'un de nos livres et que vous souhaitez en faire la critique, vous pouvez le faire en cliquant sur l'onglet "en savoir plus" situé sous l'image du livre sur notre site web :

https://ascendingvibrations.net/books